モーニングトン・クレセント東京

Mornington Crescent Tokyoの英国菓子

Stacey Ward
ステイシー ウォード

PARCO出版

Contents

はじめに…4

1 クラシックなレシピ
Classic Recipes

2 昔懐かしいレシピ
Nostalgic Recipes

3 ビスケットのレシピ
Biscuit Recipes

4 ブラムリーアップルのレシピ
Bramley Apple Recipes

5 果物と野菜のレシピ
Fruit & Veg. Recipes

本書の決まり
◎液体も容量（mℓなど）ではなく、重さ（g）で表示しています。
◎中力粉がない場合、強力粉と薄力粉を半量ずつ合わせて使ってください。
◎バターの状態は、「冷えて硬い（5℃前後）」「低めの常温（15〜18℃）」
「常温（20℃前後）」「とてもやわらかい（25℃前後）」と4つに分けてあります。
◎卵とは、卵黄と卵白を合わせた液体の重さで、殻の重さは除いてあります。
卵M玉1個は正味55g程度です。
◎ナツメグは、おろしたてのフレッシュな香りを楽しむため、
粒をパウダー状に自分でおろして使います。
粒が入手できない場合、ナツメグパウダーで代用してください。
◎オーブンはあらかじめ設定温度に温めておきます。
焼き時間は、熱源や機種などによって多少差があります。
表示時間を目安に、様子を見ながら加減してください。
◎本書のメニューが文中に登場する際には、
「伝統的な家庭スタイルのスコーン」と下線を引いています。
掲載ページは、ContentsやIndexを参考にしてください。

English information available at www.mornington-crescent.co.jp

Introduction
はじめに

こんにちは！ イギリスで生まれ育った私にとっ
て、日本でイギリス菓子に対してパッションをもっ
ている方々と出会えることはうれしい限りでした。
そうして皆さんと日本語でコミュニケーションを取
れるようになり、東京でイギリス菓子の教室を開き、
一緒に楽しんでいるなんて、数年前には想像もつき
ませんでした。そして初めての本を出版することが
できました。本当に夢のようです。

　レッスンに参加していなくても、この本を通して、
イギリス菓子のおいしさ、作ることの楽しさ、そし
て文化やその背景にあるストーリーのおもしろさを
味わっていただけたらうれしいです。

　数百年の歴史があるレシピ、今のイギリスで流行
っているもの、地方特有のもの、珍しいもの、懐か
しくて今も皆に愛されている定番のお菓子も！ すべ
てが詰まっているイギリス菓子のバイブルにしまし
た。日本向けにアレンジせず、イギリスのそのまま
の「びっくり、おいしい！」を伝えることを目標に
しています。

　この本をイギリス菓子作りのプライベートレッス
ンのように使っていただけたらと思っています。私
のように研究やレシピの調整を続けていきたい方に
は、本の巻末にある「マスタークラス」のアドバイ
スが役に立つと思います。イギリスの家庭のように
気軽においしいものが作りたい方は、レシピのまま
作ってください。私の教室で何年も作っているもの
なので、うまくいくはずです！

　イギリス菓子をより気に入っていただけたらうれ
しいです。そして「もっと知りたい！ ステイシーに
習いたい！」という方は、教室でも直接お会いでき
ることを心より楽しみにしております。

I've been utterly thrilled to find in Japan such a huge
passion for British baking. Growing up I couldn't
have imagined that I'd be one day running a popular
baking school and occasional bakery in Tokyo, and
have written a book in Japanese! It's like a dream.

Through this book I hope to reach even those who
can't make it to a lesson, and share how delicious
and fun traditional home baking is, while also
introducing the fascinating stories and cultural
aspects behind many of our sweets.

Included are recipes with histories hundreds of years
old alongside sweets that are popular in the U.K.
today. Regional, rare and nostalgic treats abound, and
of course the timeless classics. I've put together what
I feel is a really comprehensive 'bible' of British
baking essentials. I've designed the recipes using
Japanese ingredients to get the closest result possible
to baking back home, aiming for authenticity rather
than adjusting them to Japanese tastes.

I'd love for you to use this book as your own personal
baking school. If, like me, you love to study and
improve, there is a masterclass section at the back
with detailed technical tips in Japanese. However if
you simply want to make something lovely without
thinking too much, these recipes have been used for
years in our classroom so rest assured that you are in
safe hands.

If I can give a few more people the chance to make
and enjoy real British bakes, then I'll be very happy.
And of course, if you would like to learn directly
from me, I'll be waiting for you in class!

Happy baking!
Stacey

イギリスと日本、
材料の違いを知ることが大事

多くのイギリス人は、一般的なスーパーマーケットで
あまり深く考えずに材料を買ってきても焼き菓子作りを成功させています。
フェアトレード、オーガニック、ローカル、動物保護、品質などについての
こだわりはもちろんありますが、性質はほぼ同じなので、
技術的なことに詳しくなくても失敗せずに焼き上がるでしょう。
私も含めて日本に来たイギリス人は、日本の材料の種類の多さに最初は混乱し、使ってみた時に、
「なぜイギリスと同じように焼き上がらないの?」「なぜへこんでしまうの?」と悩んだ経験が多いと思います。
日本の材料の中でどんなチョイスをすれば、イギリス菓子に最も近い焼き上がりになるのでしょう?

Flour

小麦粉

日本ではほとんどの焼き菓子に薄力粉を使っていますが、イギリスでは薄力粉は一般的ではないのです! 日本の小麦粉「薄力粉、中力粉、強力粉」は、主にタンパク質の量で決まっています。タンパク質が多いと、水分が加わった時に伸び成分のグルテンがたくさんできるので、パンのように大きく膨らんでも破れません。少ないと、その代わりにでん粉が多くなるので、デリケートでやわらかいでき上がりとなります。日本では商品によって違いはありますが、薄力粉のタンパク質は7%前後、中力粉は約9%、強力粉は約12%です。

イギリスのスーパーマーケットでお菓子用に小麦粉を買う時には、主にふたつの選択肢があります。「プレーン粉(plain flour)／小麦粉だけ」、あるいは「セルフレイジング粉(self-raising flour)／自分で膨らむ=ベーキングパウダーがすでに入っている」。

どちらもタンパク質は9〜10%程度なので、日本の小麦粉で考えると中力粉になりますね! イギリスでケーキを食べたら、「どっしり!」と感じたことがあるでしょう。レシピの影響もありますが、中力粉を使うことも大いに関係しています。

モンクレでは、作り比べて材料を決めます。中力粉を使うレシピもありますし(スコーン、フルーツケーキ、ゆるい生地のお菓子など)、スポンジケーキなどのお菓子には薄力粉を使ってうまく調整し、イギリス人にもびっくりされるようなおいしいケーキが焼き上がります!

英語で書かれたイギリス菓子のレシピを薄力粉で作りたい場合、ベーキングパウダーを減らす、泡立てすぎない、薄力粉の量を増やすなどのテストベーキングをすると成功すると思います。そしてレシピのまま中力粉で作りたい場合、専門店で中力粉を買うか、モンクレと同じように薄力粉と強力粉を半量ずつ合わせるとタンパク質が中力粉と同じ9%前後になります。

セルフレイジング粉にしたい場合、中力粉に対して4〜6%ベーキングパウダーを加えます(中力粉100gに対して4〜6g)。よく泡立てるものやゆるい生地のレシピは少なめの約4%、あまり泡立てないものや固い生地は多めの6%程度を加えてもへこまないはずです。

Sugar

砂糖

　日本でいちばん使われている上白糖は、イギリスには
ありません。日本に来た時、メレンゲ作りで失敗したこ
とが勉強のきっかけになりましたが、日本でいう砂糖と
イギリスでのシュガーは科学的に違います。

　上白糖はイギリスのカスターシュガー（caster sugar）
のように粒は細かいのですが、一部が転化糖なので甘み
が強く、焼き色が濃くなりやすく、よりしっとりと焼き
上がります。

　イギリスのレシピでお菓子を焼く時は、グラニュー糖
がおすすめです。グラニュー糖はほぼ100％のショ糖な
ので、その結晶でメレンゲやビスケットの外側はカリッ
となり、ケーキの焼き上がりの色は上品、甘さも強すぎ
ません。

　イギリスのレシピによく出てくる「caster sugar」は、
グラニュー糖の粒子の大きさのこと。「granulated sugar」
「caster sugar」「icing sugar」はすべてグラニュー糖なの
ですが、細かさが違います。

　「グラニュー（granulated）」という言葉は「粒（grain）」
という意味からきているので、粗い目を指します。その
ため日本で見つけた「グラニュー糖の微粒子」というも
のが最初理解できなかったのですが、この細かいグラニ
ュー糖はおすすめです！

Brown Sugar

きび砂糖

　直訳すると茶色の砂糖ですので、三温糖だと思う人が
多いようですが、違います！

　イギリスのレシピに「ライトブラウンシュガー（light
brown sugar）」や「ダークブラウンシュガー（dark
brown sugar）」と書いてあるのは、砂糖の製造工程で白
い砂糖に精製される前の、黒砂糖のようにミネラルとコ
クが残っている状態を指します。軽い色のlight brownは
少し白い砂糖に近くなります。

　三温糖は精製度が高く、ミネラル分が失われているの
で、味がかなり異なります。比較的精製されていない茶
色の「きび砂糖」がおすすめです。

　「デメララ糖（demerara sugar）」という茶色の砂糖
もイギリスのレシピでよく使われますが、こちらは白い
砂糖の結晶ができた後の工程で糖蜜をかけて作ります。
喜界島などの「粗糖」で代用OKです。

イギリス菓子作りにおすすめの道具

Sandwich Cake Tin
サンドイッチケーキ型

　ケーキ型の一種。ヴィクトリアスポンジケーキなど、2枚のスポンジケーキでジャムやクリームなどをサンドイッチのようにはさむケーキを作る時に使う薄い型。日本ではなかなか見つけにくいのですが、海外通販で購入することができます。底が抜けるタイプが便利。イギリスでは直径20cmで作ることが多いのですが、日本の家庭用に本書では15cmのレシピにしました。この型が手に入らない場合は深い丸型を使用し、温度を約10℃下げて少し長めに焼き、厚みを半分にカットするといいでしょう。

★ベーキングペーパーの敷き方
側面用は型より1〜2cm高く切り取って片方に切り目を入れ、底面用は型の縁に沿って線を描いて切り取り、型に敷く。

Deep Cake Tin
深い丸型

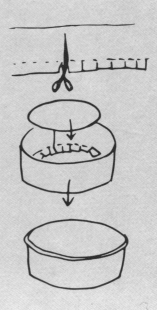

　ケーキ型の一種。ヴィクトリア朝のジェノアケーキのようなフルーツケーキなどで、2枚にカットしないケーキを焼くための型。型からケーキを取り出しやすいのは、側面にベルトがあるタイプ。イギリスでは直径20cmで作ることが多いのですが、本書では日本の家庭用に15cmのレシピにしました。

Loaf Tin

パウンド（ローフ）型

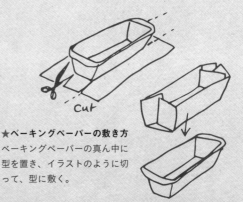

パウンドケーキやローフケーキを焼くための型。型の高さや長さより、容量が大切なポイントです。イギリスの定番サイズは1lb（ポンド）で容量が約450ml、2lbで約900ml。本書では1lbのサイズを使用しています。型の容量がわからない場合、容量約450mlは10×17×高さ5.5cmのサイズを目安にしてください。

★ベーキングペーパーの敷き方
ベーキングペーパーの真ん中に型を置き、イラストのように切って、型に敷く。

★ベーキングペーパーの敷き方
ベーキングペーパーの真ん中に型を置き、イラストのように切って、型に敷く。

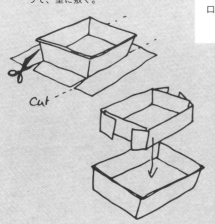

Swiss Roll Tray, Square Tin

ロールケーキ型、角型

ロールケーキ型はスイスロールやフラップジャックなどを焼くのにも使える薄いトレイ。本書では20×25cmのバットを使用。ミリオネアショートブレッドやチョコレートティフィンなどで使う角型は18×18cmを使用。

Tart Tin

タルト型

フランス菓子にもよく使われる一般的なタルト型。本書では直径22cm、高さ3cmを使用しています。陶器や金属などそれぞれ好みがあると思いますが、底が抜ける金属タイプが便利。底の真ん中が少し浮き上がっている型の場合、「ソギーボトム（soggy bottom）」といわれる底が生焼けの原因になりやすいので注意が必要です。

Pie Dish

パイ皿

お母さんのアップルパイなどのフルーツパイやバノフィーパイに使う薄型のパイ皿。使い捨てのアルミタイプもあります。本書では直径18cmを使用。

Mince Pie Tray
ミンスパイ型

薄型の12個用のタルトレット型。東京・合羽橋など、日本でも買えるようになりました。クリスマスミンスパイ作りには欠かせません。ベイクウェルタルトのミニサイズを作るのにも便利です。日本のオーブンでは入らないことがあるので、買う前にサイズを確認しましょう。

Fluted & Straight Cutters
菊型と丸型の抜き型

抜き型。片方は菊型、もう片方は丸型と、両方使える抜き型は日本でも見つけやすいでしょう。スコーン用には直径6cm、高さ6cmの菊型がおすすめ。クリスマスミンスパイには、菊型と丸型の7cmと7.5〜8cmのものが便利。

Deep Bun Tin/ Muffin Tray
マフィン型

ミンスパイ用より深いミニケーキ、タルトやマフィンの型。イギリスでは12個用が主流ですが、日本で手に入りやすい6個用でも構いません。

★フタの作り方
❶ベーキングペーパーとアルミ箔を重ね、真ん中にひだを作ってかぶせる。
❷ヒモでまわりを縛った後、持ち手も作る。
❸ヒモから下の、フリル状のペーパーとアルミ箔は折り曲げる。

Pudding Bowl
プディングボウル

スティームプディング用のボウル。イギリス家庭でプディングを作る時の多くは、プラスチックのフタ付きのプディング用ボウルを使います。いろいろな大きさのものがありますが、この本では1 pint（パイント）で容量約570mℓのサイズにしました。昔ながらの陶器のボウルも素敵ですが、その場合は毎回自分でフタを作る必要があります。プラスチックのほうが便利だと思います。モンクレでは両方販売しています。

Wooden Spoon
木のスプーン

伝統的なイギリス菓子の定番アイテム！ 昔は電動のハンドミキサーではなく、材料を泡立てる際には木のスプーンを使いました。フランス菓子よりちょっと力強いケーキ作りや、固い生地を混ぜるのにも便利。

Hand Mixer
ハンドミキサー

オールインワン、クリーミング、泡立てのメソッドなどに欠かせない電動ハンドミキサー。メレンゲや生クリームを泡立てるのも早くできます。

Spatula
ゴムベラ

取っ手が26cmと少し長めで、一体型、耐熱性のものがおすすめ。

Pastry Brush
ハケ

つや出し用の卵液やドリズルシロップを塗るためのハケ。天然毛はきれいに塗れますが、耐熱性があって、外して洗えるシリコン製が清潔で便利だと思います。

Whisk
ホイッパー

イギリスではホイッパーがない家庭もありますが、生クリームの泡立てや、ゆるい生地に粉類を早くきれいに混ぜる時に便利です。

Dough Divider/ Scraper
カード／スケッパー

マストではないですが、イースターホットクロスバンズなどの生地を分けるのに便利です。丸い部分を使ってボウルから生地を取ったり、平らな部分でカウンターから生地をきれいにはがしたりするのにも便利。イギリスでは焼き菓子作りの際、カードでバターを粉に切り込む作業はあまりやりません。手ですり合わせるのが一般的です。

Dinner Knife
ディナーナイフ

レッスンで多くの方にびっくりされるポイントのひとつ。ディナーナイフで混ぜるのはうそじゃない！ イギリス家庭での本当のやり方です。混ぜるのにも生地を押し込むのにも便利。うまく使うのはちょっとコツが必要だと思いますので、うまくできない場合はゴムベラや手を使っても大丈夫。

Digital Thermometer
温度計

カスタードやマジパンの温度管理、ミリオネアショートブレッドでトフィーの層を作るのにも便利な温度計。赤外線温度計は表面の温度しか測らないので、挿して測るタイプが好き。

Weighing Scale
はかり

イギリスの家庭にはない場合もありますが、焼き菓子は科学的なバランスが大事でもあるので、きちんと量るのがおすすめ。家庭用なら最大3kgまで計量できれば、鍋の中に直接ゴールデンシロップなどを入れて量ることができます。0.1gや0.5g単位で量れるとより安心です。

日本では珍しい、
イギリス菓子でよく使う材料

Mixed Spice
ミックススパイス

国によって料理やお菓子に使うスパイスにはいろいろあります。イギリスのほとんどの商品にシナモン、コリアンダー、ナツメグ、ジンジャー、クローブが入っています。さらにホワイトペッパー、カルダモン、オールスパイスなどが入る商品もあります。

日本ではアメリカの「パンプキンパイスパイス（pumpkin pie spice）」という似たものが購入できるので代用もできますが、コリアンダーなどが入っていないので、英国本場の味に近いものを目指すならモンクレと同じように自分で作ることもできます。シナモンパウダー 10g、コリアンダーパウダー 9g、ナツメグパウダー 8g、ジンジャーパウダー 5g、オールスパイスパウダー 5g、クローブパウダー 2.5g をボウルでよく混ぜ、密閉容器で保存しておきます。

Golden Syrup / Light Treacle
ゴールデンシロップ （別名ライトトリークル）

ヴィクトリア時代の1885年に白い砂糖を作る際の副産物から発明された糖液。水飴、はちみつのように転化糖ですが、アンバー色とキャラメルのほろ苦さと酸味の余韻がとてもユニークです。イギリスでずっと愛されているこのシロップは焼き菓子の材料として、そしてパンケーキにかけたり、オートミールのポリッジに混ぜたりします。材料として結晶化しないことが目的であれば水飴で代用できますが、風味が違うので日本の輸入食材店や通販で探すだけの価値があります。有名なブランドは「ライルゴールデンシロップ（Lyle's Golden Syrup）」。

Black Treacle, Molasses
ブラックトリークル、モラセス

ゴールデンシロップを作っているメーカー「テート＆ライル（Tate & Lyle）」には、「ブラックトリークル（black treacle）」という、もっと濃くてどろっとした色の黒い商品もあります。香りと風味は糖蜜に近いのですが、実はゴールデンシロップに糖蜜が入ったもので、糖蜜だけよりも甘みがあります。日本ではブラックトリークルを見かけません。

最近のイギリスでは、本物の糖蜜「モラセス（molasses）」に含まれるミネラル、鉄分などの特徴について知識が増えていて、モラセスに替えて作る人も多く、日本でもモラセスや糖蜜の商品は多く販売されているので、イギリスの焼き菓子にそのまま使えます。ちなみに日本の黒蜜は糖蜜とは違い、黒砂糖を水で溶かした液体です。

Suet
スエット

日本ではすき焼き用にスエットと呼ばれる牛脂が少量で販売されていますが、それはお菓子用に処理されていないものでおすすめしません。イギリスの定義で「スエット（suet）」とは、牛の腎臓のまわりのものだけを指すケンネ脂のこと。牛脂の中で最も硬くてくせの少ない内臓脂肪です。

イギリスでは、スエットは箱に入って売られています。日本では買うことができないので、自分で処理する必要があります。特定の部分の牛脂を数キロ程度手に入れたら、いちばん白いところを切り取り、弱火で溶かし、液体を料理用のガーゼ数枚を使ってこし、冷凍保存します。この珍しいスエット処理はモンクレのレッスンにあります！ スエットが手に入らない場合は冷凍したバターで代用できますが、乳製品の風味が加わってしっとり感が減ってしまいます。

Lard
ラード

豚の脂のこと。イギリスの伝統的なパイ生地のひとつにショートクラスト生地があります。今ではラードは使わずバターだけのショートクラスト生地など、さまざまなバリエーションがありますが、クリスマスミンスパイのように数百年変わらない半分ラード＋半分バターというレシピもまだ使われています。

ラードはほろほろさせたり、バターの濃厚な風味をさっぱりさせたりします。買う時は、炒め料理用の常温タイプではなく、通販などで買える冷蔵されたフレッシュラードがおすすめ。

Baking Powder, Baking Soda
ベーキングパウダー、ベーキングソーダ

ベーキングパウダーには、粉末状でアルカリ性のもの（主に重曹）と、酸性のものにコーンスターチを組み合わせたものがあります。液体と熱にアルカリや酸が反応し、CO_2となるガスが発生します。それで焼き菓子の中の泡が大きくなって膨らむのです。コーンスターチが入るのは、量りやすく、固まりにくくするため。最近日本で買えるものはアルミやミョウバンを使用しないものがほとんどですが、気になる場合はラベルをよく確認しましょう。

英語で重曹は「ベーキングソーダ（baking soda）」です。「ベーキングパウダー（baking powder）」と似ているので混乱する人も多いのですが、重曹はアルカリ性だけですので、レシピに酢やヨーグルトなど酸性の材料が入っていなければ、ベーキングパウダーのようには膨らまないため、代用はできません。

1

Classic
Recipes

クラシックなレシピ

スコーン、ヴィクトリアスポンジケーキ、
モンクレのロゴマークでもある
バッテンバーグケーキなど
イギリスらしさを感じる
古くて新しい不滅の定番レシピです。

伝統的な家庭スタイルのスコーン
Traditional Homemade Scones

スコーンはアフタヌーンティーに欠かせないのはもちろん、
日本で最も知られていて、愛されているイギリス菓子でしょう。
イギリスの家庭で作るレシピなら、手間もかからず簡単です。
お店で買うより、家で作るスコーンがベスト。焼きたては最高!

- 予熱：190℃、1 の後に
- 個数：6個
- 型：直径6cmの菊の抜き型
- メソッド：1＝すり合わせ（p.137参照）
- 保存：冷暗所で2日程度、冷凍で3ヶ月

- Preheat : 190°C
- Quantity : 6
- Equipment : 6cm fluted round cutter
- Store : wrapped, up to 2 days in a cool place or 3 months in the freezer

❀ 材料

中力粉…360g

ベーキングパウダー…17g

塩…2g

バター（食塩不使用／常温）…120g

グラニュー糖（微粒子）…65g

卵…90g

牛乳…約70g（冬にはもう少し必要になることも）

つや出し用：

卵…30g

牛乳… 15g

❀ 下準備

・つや出し用の卵と牛乳はよく混ぜておく。

❀ 作り方

1　ボウルに中力粉、ベーキングパウダーと塩を入れ、手で混ぜる。バターを加え、指先ですり合わせ、さらさらと砂っぽい状態にする。

2　グラニュー糖を加えて混ぜる。

3　卵と牛乳を合わせ、少量を残して加える。ディナーナイフ（またはゴムベラ）で軽く混ぜる。ナイフの平らな部分で、しっとりしている生地を乾いた生地に押し込むようにする。乾いた生地が残っていたら、残りの液体を加えて混ぜる。手でひとまとめにする。

4　打ち粉をした台に取り出し、軽くこね、手で厚さ4cmに伸ばす。打ち粉をふった抜き型で抜き、ベーキングペーパーを敷いた天板に並べる。

5　表面につや出し用の液体をハケで塗り、190℃で約20分、キツネ色になるまで焼く。トングで持った時に軽く感じたら焼き上がり。

6　網にのせて冷ます。

Ingredients

360g medium flour

17g baking powder

2g salt

120g butter
(unsalted, room temperature, diced)

65g caster sugar

90g eggs

About 70g milk
(maybe more in winter)

Egg wash:

30g eggs

15g milk

Preparation

• Mix together the milk and egg for the egg wash.

Method

1　Mix the flour, baking powder and salt together with your hand in a large bowl. Add the butter and rub it in, until the mixture resembles fine sand.

2　Mix in the sugar.

3　Beat the egg with the milk, stir in most of this with a cutlery knife (or spatula), using the flat part of the blade to press the wet parts of the dough into the dry. Add the rest of the liquid to the dry parts of the dough and combine.

4　Knead briefly just to gather the dough, and on a floured counter, shape into a disc about 4 cm thick. Cut out rounds of your preferred size with a cutter dipped in flour and transfer to a baking paper-lined tray.

5　Brush with egg wash and bake for about 20 minutes at 190°C or until golden brown and they feel comparatively light when lifted.

6　Transfer to a wire rack to cool.

● バリエーション・1

✿材料

伝統的な家庭スタイルのスコーンの材料
…全量
マジパン(冷凍／1cm角に切る／p.136参照)
…100g
ドレンチェリー(粗く刻む)…60g
アーモンドオイル…2g
仕上げ用：
アーモンドスライス…適量

✿作り方

1 伝統的な家庭スタイルのスコーンと同様
にする。
2 グラニュー糖とともに、マジパン、ドレ
ンチェリーも加える。
3 卵と牛乳にアーモンドオイルも合わせて、
同様にする。
4 同様にする。
5 つや出し用を塗ったら、アーモンドスラ
イスをのせ、同様にする。
6 同様にする。

Ingredients

All of the Traditional Homemade Scones
ingredients
100g marzipan (p.120) frozen,
cut into 1cm cubes
60g glacé cherries, roughly chopped
2g almond oil
To finish :
Almond slices

Method

1 Same as Traditional Homemade Scones
recipe.
2 Add marzipan and glacé cherries along
with the caster sugar.
3 Add almond oil in with the egg and milk
mixture, and continue as per recipe.
4 As per recipe.
5 After brushing with egg wash, scatter
almond slices on top, and continue
as per recipe.
6 As per recipe.

ベイクウェルの
チェリー&マジパンのスコーン
Bakewell,
Cherry & Marzipan Scones

甘くない
チーズ＆チャイブのスコーン
Savoury,
Cheese & Chive Scones

❀ 材料

<u>伝統的な家庭スタイルのスコーンの材料</u>
　（グラニュー糖は除く）…全量
マスタードパウダー…4g
ホワイトチェダーチーズ(1cm角に切る)…80g
フレッシュチャイブ(粗く刻む)…6g
仕上げ用：
黒胡椒(粗挽き)…適量

❀ 作り方

1　粉類にマスタードパウダーも合わせ、<u>伝統的な家庭スタイルのスコーン</u>と同様にする。

2　グラニュー糖の代わりに、チェダーチーズとチャイブを加える。

3　同様にする。

4　同様にする。

5　つや出し用を塗ったら、黒胡椒をふり、同様にする。

6　同様にする。

Ingredients

Except caster sugar, all of the
<u>Traditional Homemade Scones</u> ingredients
4g mustard powder
80g white cheddar cheese, cut into 1cm cubes
6g fresh chives, roughly chopped
To finish:
Coarsely ground black pepper

Method

1 Mix mustard powder with the flour, and continue as per <u>Traditional Homemade Scones</u> recipe.
2 Instead of caster sugar, add the cheese and chives.
3 As per recipe.
4 As per recipe.
5 After brushing with egg wash, grind pepper over the tops, and continue as per recipe.
6 As per recipe.

キャロットケーキ
Carrot Cake

コーヒー＆クルミのケーキ
Coffee & Walnut Cake

ヴィクトリアスポンジケーキ
Victoria Sponge Cake

キャロットケーキ
Carrot Cake

戦時中、砂糖の代わりににんじんなど
甘い野菜をケーキに入れたことが、
キャロットケーキの始まりなのだそうです。
カリカリのナッツ、ジューシーなレーズンが入る
しっとりケーキからは、スパイスの香りが漂います。
クリームチーズで作るアイシングをはさみます。

- 予熱：170℃、作り始める前に
- 個数：1台
- 型：直径15cmのサンドイッチケーキ型×2、それぞれベーキングペーパーを敷く
- メソッド：6＝サンドイッチケーキの仕上げ(p.140参照)、
      塗り方は**d**(p.141参照)
- 保存：冷蔵で5日程度、冷凍で3ヶ月

❀ 材料
卵…110g

きび砂糖…100g

バター(食塩不使用／常温)…100g

全粒粉…65g

中力粉…65g

ベーキングパウダー…5g

重曹…2g

塩…1.5g

《スパイス類》

シナモンパウダー…2g

フレッシュナツメグ…0.5g

にんじん…130g

レーズン…65g

ピーカンナッツ…50g

オレンジの皮(細かくすりおろす)…1/2個分

アイシング：

クリームチーズ
  (フィラデルフィアなど硬めのタイプ)…100g

グラニュー糖(微粒子)…25g

きび砂糖…10g

レモン果汁…2g

❀ 下準備
・バターは鍋（または電子レンジ）で溶かしておく。

・にんじんは皮をむき、粗めにすりおろす。

・ピーカンナッツは170℃で5〜8分ローストし、
　飾り用に数個取り分け、残りを粗く刻む。

❀ 作り方

1　卵をハンドミキサーで倍量になるまで混ぜる。きび砂糖を少しずつ
　加えながらさらに混ぜる。

2　溶かしたバターを加えて混ぜる。

3　全粒粉、中力粉、ベーキングパウダー、重曹、塩、スパイス類を合
　わせてふるい入れ、ゴムベラで混ぜる。粉がほとんど見えなくなっ
　たら、にんじん、レーズン、ピーカンナッツ、オレンジの皮も加え
　て混ぜる。

4　型2台に生地を2等分にして流し入れ、表面を平らにし、160℃に
　下げて約30分焼く。竹串を刺して生の生地がつかなければ焼き上
　がり。

5　アイシングを作る。レモン果汁以外の材料をなめらかになるまでよ
　く混ぜ、味を確認しながら、レモン果汁を加えて混ぜる。

6　粗熱が取れたら型から外し、ベーキングペーパーを取り、網にのせ
　て冷ます。完全に冷めたらひとつのケーキを裏返し、ベーキングペ
　ーパーがついていた面にアイシングの半量を塗る。もうひとつの
　ケーキを重ね、表面に残りのアイシングを塗り、取り分けておいた
　飾り用のピーカンナッツで仕上げる。

- Preheat : 170°C
- Quantity : 1
- Equipment : 15cm sandwich cake tin x2, each lined with baking paper
- Store : up to 5 days in the fridge or 3 months in the freezer

Ingredients

110g eggs
100g brown sugar
100g butter
(unsalted, room temperature)
65g whole-wheat flour
65g medium flour
5g baking powder
2g bicarbonate of soda
1.5g salt

Spices:
2g cinnamon
0.5g freshly grated nutmeg
130g carrots
65g raisins
50g pecan nuts
Zest of ½ an orange
Icing:
100g cream cheese
25g caster sugar
10g brown sugar
2g lemon juice

Preparation

- Melt butter in a small pan or microwave.
- Peel and coarsely grate carrots.
- Roast the pecan nuts at 170°C for 5-8 minutes.
Roughly chop, saving some to decorate.

Method

1 Whisk the eggs with a hand mixer until doubled in size. Add brown sugar bit by bit and continue to whisk.
2 Add the melted butter and mix in.
3 Combine the flours, baking powder, bicarbonate of soda, spices and salt, sift over the batter and fold in with a spatula. When most of the flour is mixed in, stir in the carrots, raisins, zest and pecans.
4 Divide batter between the tins, level, and bake at 160°C for about 30 minutes, until a skewer comes out clean.
5 Make the icing: mix the ingredients apart from lemon juice together until smooth, taste and add lemon juice as preferred.
6 Once cool, place one half of the cake on a plate, baking paper side face up. Remove the papers, and spread with about half of the frosting.
Place the second cake on top and spread with the remaining frosting. Decorate with the saved pecan pieces.

Memo

飾りのオプション
Decoration option

りんごをスライスし、シロップ(水 200g＋砂糖20g＋レモン果汁10g) に浸した後、130℃のオーブンで 乾かすように30〜50分焼き、ケ ーキの上に飾ってもいい。

Thinly slice an apple, dip in syrup (20g sugar, 200g water, lemon juice 10g) and dry in oven at 130°C for 30-50 minutes. Use with the nuts to decorate.

コーヒー＆
クルミのケーキ
Coffee & Walnut Cake

コーヒーとナッツが入っているケーキは、
オーストリアからイギリスに伝えられたとされていますが、
今やすっかりイギリスの定番に。甘すぎない爽やかな風味で、
モンクレのオープンベーカリーでもとても人気があります。
コーヒーはもちろん、ミルクティーにもよく合います！

- 予熱：170℃、作り始める前に
- 個数：1台
- 型：直径15cmのサンドイッチケーキ型×2、
  それぞれベーキングペーパーを敷く
- メソッド：1＝オールインワン（p.137参照）、
  クリーミング（p.138参照）でも可
  5＝サンドイッチケーキの仕上げ（p.140参照）、
  塗り方は **d**（p.141参照）
- 保存：冷蔵で5日程度、冷凍で3ヶ月

- Preheat : 170°C
- Quantity : 1
- Equipment : 15cm sandwich cake tin x2,
  each lined with baking paper
- Store : up to 5 days in the fridge or
  3 months in the freezer

❋材料

薄力粉…120g
ベーキングパウダー…5g
塩…1.5g
グラニュー糖（微粒子）…120g
卵…110g
バター（食塩不使用／とてもやわらかい）
　…120g
クルミ…50g

コーヒーシロップ：
エスプレッソパウダー…7g
きび砂糖…12g
グラニュー糖（微粒子）…12g
熱湯…20g
バタークリーム（p.140参照）：
バター（食塩不使用／常温）…90g
粉糖…60g
塩…1g

❋下準備

・クルミは170℃で5〜8分ローストし、
　飾り用に数個取り分け、残りを粗く刻む。
・コーヒーシロップのすべての材料を混ぜておく。

❋作り方

1　ボウルに薄力粉、ベーキングパウダーと塩を合わせてふるい入れ、
　　グラニュー糖、卵、バターを加え、ハンドミキサーで少し白っぽく
　　なるまで混ぜる。
2　クルミ、コーヒーシロップ小さじ2を加えて混ぜる。
3　生地を2等分にして型2台に流し入れ、表面を平らにし、160℃に下
　　げて約25分焼く。竹串を刺して生の生地がつかなければ焼き上がり。
4　バタークリームを作る。すべての材料をハンドミキサーでよく混ぜ、
　　ふわふわになったらコーヒーシロップを小さじ2程度加える。
5　ケーキの粗熱が取れたら型から外し、ベーキングペーパーを取り、
　　網にのせて冷ます。ふたつともケーキを裏返し、ベーキングペーパー
　　がついていた面に残りのコーヒーシロップをスプーンでたっぷりか
　　ける。完全に冷めたら、ひとつのケーキにバタークリームの半量を
　　塗る。もうひとつのケーキを重ね、表面に残りのバタークリームを
　　塗り、取り分けておいた飾り用のクルミで仕上げる。

Ingredients

120g cake flour
5g baking powder
1.5g salt
120g caster sugar
110g eggs
120g butter
(unsalted, very soft)
50g walnuts

Coffee syrup:
7g espresso powder
12g brown sugar
12g caster sugar
20g hot water
Buttercream:
90g butter
(unsalted, room temperature)
60g icing sugar
1g of salt

Preparation

- Roast the walnuts at 170°C for 5-8 minutes.
Roughly chop, saving some to decorate.
- Mix all the coffee syrup ingredients together.

Method

1 Sift the flour, baking powder and salt into a
bowl then add the caster sugar, eggs, and butter.
Mix with a hand mixer until lightened in colour.
2 Stir in the walnuts and two teaspoons of the
cooled coffee syrup.
3 Divide batter between the tins, level, and bake
at 160°C for about 25 minutes, until a skewer
comes out clean.
4 Make the buttercream: mix all the ingredients
with a hand mixer until fluffy, mix in about two
teaspoons of coffee syrup.
5 When baked, remove baking papers and drizzle
syrup over the sides that had the paper.
Once cool, place one half of the cake on a plate,
syrup side face up. Spread with about half of
the buttercream. Place the second cake on top
syrup side down and spread with the remaining
buttercream. Decorate with the saved walnut
pieces.

ヴィクトリア スポンジケーキ
Victoria Sponge Cake

ヴィクトリア女王（1819-1901）が好んだ、
午後のおやつとして有名です。
アフタヌーンティーの始まり、ともされるクラシックなケーキで、
伝統的な配合はとてもエレガント。
殻に入ったままの卵の重さと同量のバター、
グラニュー糖、小麦粉を使います。
オーソドックスな仕上げはラズベリージャムだけをはさみ、
グラニュー糖をふりかけるタイプですが、
最近のイギリスでは、ジャム＆生クリームや
ジャム＆バタークリームのバージョンも流行っています。

- 予熱：160℃、1の後に
- 個数：1台
- 型：直径15cmのサンドイッチケーキ型×2、
      それぞれベーキングペーパーを敷く
- メソッド：1～4＝クリーミング（p.138参照）、
          オールインワン（p.137参照）でも可
          6＝サンドイッチケーキの仕上げ（p.140参照）、
          塗り方は❶（p.141参照）
          好みでジャム＆生クリームは❷と
          ジャム＆バタークリームは❸（p.141参照）
- 保存：冷蔵で5日程度、冷凍で3ヶ月

- Preheat : 160°C
- Quantity : 1
- Equipment : 15cm sandwich cake tin x2,
             each lined with baking paper
- Store : up to 5 days in the fridge or 3 months
         in the freezer

❀ 材料

バター（食塩不使用／低めの常温）…130g
グラニュー糖（微粒子）…130g
卵…120g
バニラオイル…2g
薄力粉…130g
ベーキングパウダー…5g

塩…1.5g
ラズベリージャム…約50g
　（好みの量でOK）
仕上げ用：
グラニュー糖（微粒子）…適量

Ingredients

130g butter
(unsalted,
cool room temperature)
130g caster sugar
120g eggs
2g vanilla oil
130g cake flour
5g baking powder

1.5g salt
50g raspberry jam
To finish:
Caster sugar

❀ 作り方

1 ボウルにバターを入れ、ハンドミキサー（または木のスプーン）で
　やわらかくなるまで混ぜる。
2 グラニュー糖を加え、ふわふわと白っぽくなるまで混ぜる。
3 卵とバニラオイルを合わせ、少しずつ加えて混ぜる。
4 薄力粉、ベーキングパウダーと塩を合わせてふるい入れ、ゴムベラ
　で混ぜる。
5 型2台に生地を2等分にして流し入れ、表面を平らにし、160℃で
　約25分焼く。竹串を刺して生の生地がつかなければ焼き上がり。
6 粗熱が取れたら型から外し、ベーキングペーパーを取り、網にのせ
　て冷ます。完全に冷めたらひとつのケーキを裏返し、ベーキングペ
　ーパーがついていた面にラズベリージャムを塗る。もうひとつの
　ケーキを重ね、表面にグラニュー糖をふる。

Method

1 With a hand mixer or wooden spoon, beat the
  butter until smooth.
2 Add caster sugar and continue to beat until fluffy
  and lightened in colour.
3 Add the vanilla to the eggs and add to the batter
  a little at a time.
4 Combine the salt, baking powder and flour, sift
  onto the batter and fold in with a spatula.
5 Divide batter between the tins, level, and bake
  at 160°C for about 25 minutes, until a skewer
  comes out clean.
6 Once cool, place one half of the cake on a plate,
  baking paper side face up. Remove the papers,
  spread with jam and place the other half of the
  cake on top. Sprinkle with caster sugar to finish.

ちょっとファンシーな
レモンドリズルケーキ
Fancy Lemon Drizzle Cake

しっとりしたレモン風味のスポンジケーキに、
レモンのシロップとアイシングをたらし、レモンの皮で飾ります。
「ドリズル（drizzle）」という言葉には「（ソースや油などの液体を）たらす」という意味があり、
イギリスでは「しとしと小雨が降る」こともドリズルといいます。
紅茶とよく合うケーキで、特にストレートのアールグレイやレディーグレイがおすすめ。

- 予熱：165℃、1 の後に
- 個数：1 台
- 型：直径 20cm のサンドイッチケーキ型 × 1、ベーキングペーパーを敷く
- メソッド：2 ＝泡立て（p.138 参照）
- 保存：冷蔵で 5 日程度、冷凍で 3 ヶ月

- Preheat : 165°C
- Quantity : 1
- Equipment : 20cm sandwich cake tin x1, lined with baking paper
- Store : up to 5 days in the fridge or 3 months in the freezer

❀ 材料

サワークリーム…65g	シロップ：
レモン果汁…12g	レモン果汁…15g
レモンの皮(細かくすりおろす)…1/2個分	グラニュー糖(微粒子)…17g
卵…110g	アイシング：
グラニュー糖(微粒子)…130g	粉糖…115g
薄力粉…110g	レモン果汁…20g
アーモンドパウダー…20g	トッピング：
ベーキングパウダー…3g	レモンの皮…適量
塩…2g	
バター(食塩不使用／常温)…65g	

❀ 下準備

・澄ましバターを作る。

鍋にバターを入れて弱火にかけ、混ぜずにゆっくり溶かし、表面に泡が出てきたらスプーンで取り除く。上部の透明で純粋なバターの層のみを容器に取り出す。でき上がりは 50g が目安。下部のミルキーな部分は使用しない。

❀ 作り方

1 サワークリーム、レモン果汁とレモンの皮を合わせる。
2 耐熱ボウルで卵を湯せんにかけ、ハンドミキサーで倍量になるまで混ぜる。グラニュー糖を少しずつ加えながらさらに混ぜ、湯せんから外す。
3 レモンと合わせたサワークリームを加えて混ぜる。
4 薄力粉、アーモンドパウダー、ベーキングパウダー、塩を合わせてふるい入れ、ゴムベラで混ぜる。
5 澄ましバターも加えて混ぜる。少量の生地を取り出し、先に澄ましバターを少し混ぜてから全体を混ぜると乳化しやすい。
6 型に生地を流し入れ、表面を平らにし、165℃で約30分焼く。竹串を刺して生の生地がつかなければ焼き上がり。
7 シロップを作る。鍋にレモン果汁、グラニュー糖を入れて中火にかけ、グラニュー糖が溶けたら火を止める。
8 ケーキがまだ温かいうちに型から外し、ベーキングペーパーを取る。竹串で穴を数か所あけ、シロップをスプーンでたっぷりかける。
9 網にのせて完全に冷ます。アイシングの材料を混ぜ、真ん中にたらしてパレットナイフで平らにし、レモンの皮を飾る。アイシングが完全に固まってから切り分ける。

Ingredients

65g sour cream	Syrup:
12g lemon juice	15g lemon juice
Zest of ½ lemon	17g caster sugar
110g eggs	Icing:
130g caster sugar	115g icing sugar
110g cake flour	20g lemon juice
20g almond powder	To finish:
3g baking powder	Strips of lemon zest
2g salt	
65g butter (unsalted, room temperature)	

Preparation

Make clarified butter: slowly melt the butter without stirring and remove any foam with a spoon. Decant the middle layer of pure butter (about 50g) and discard the milky whey layer.

Method

1 Mix sour cream, lemon juice, and finely grated lemon zest.
2 Separately, beat the eggs in a bowl over a bain-marie until doubled in volume. Add caster sugar gradually then remove from heat.
3 Stir in the sour cream mixture with a spatula.
4 Combine the flour, salt, baking powder and almond powder, sift over the batter and fold in.
5 Add the clarified butter and fold in (if you separate out some of the batter and mix mix the butter into that first, it's easier to emulsify).
6 Pour into tin, level and bake for 30 minutes at 165°C, until a skewer comes out clean.
7 Make syrup: heat lemon juice and caster sugar in a saucepan until melted.
8 Turn the cake out of the tin while still hot, and remove the paper. Make holes in the cake with a skewer and drizzle over the syrup.
9 Transfer to a wire rack to cool completely. Mix juice together until smooth, pour onto the cake, smooth with a palette knife and scatter with strips of lemon zest. Leave the icing to harden before cutting.

レモン & ポピーシードドリズルローフケーキ
Lemon & Poppy Seed Drizzle Loaf Cake

人気の高い定番スタイルのレモンドリズルケーキがもっと贅沢になりました！
ポピーシードをたっぷり加えたプチプチ食感で、大人っぽい味わいです。
焼き上がった後にケーキの縁にできる、
しゃりしゃりしたシロップのクラストも魅力のケーキです。

- 予熱：160℃、1の後に
- 個数：1本
- 型：容量450mℓのパウンド（ローフ）型、
　　　ベーキングペーパーを敷く
- メソッド：1＝オールインワン（p.137参照）、
　　　　　　クリーミング（p.138参照）でも可
- 保存：冷蔵で7日程度、冷凍で3ヶ月

✿材料

薄力粉…100g

ベーキングパウダー…4.5g

塩…1.5g

グラニュー糖（微粒子）…100g

卵…90g

バター（食塩不使用／とてもやわらかい）…100g

ブルーポピーシード…4g

レモンの皮（細かくすりおろす）…1/2個分

シロップ：

粉糖…60g

レモン果汁…22g

• Preheat : 160°C
• Quantity : 1
• Equipment : 450 ml (1 pound) loaf tin,
　　　　　　　lined with baking paper
• Store : up to 7 days in the fridge or 3 months
　　　　　in the freezer

✿作り方

1　ボウルに薄力粉、ベーキングパウダーと塩を合わせてふるい入れ、グラニュー糖、卵、バターを加え、ハンドミキサーで少し白っぽくなるまで混ぜる。

2　ブルーポピーシード、レモンの皮を加えて混ぜる。

3　型に生地を流し入れ、表面を平らにし、160℃で35〜40分焼く。竹串を刺して生の生地がつかなければ焼き上がり。

4　シロップの材料を混ぜる。ケーキがまだ温かいうちに型から外し、ベーキングペーパーを取る。竹串で穴を数か所あけ、シロップをハケで表面にたっぷりと何層も塗る。

5　網にのせて冷まし、完全に冷めてから切り分ける。

Ingredients
100g cake flour
4.5g baking powder
1.5g salt
100g caster sugar
90g eggs
100g butter (unsalted, very soft)
4g blue poppy seeds
Zest of ½ a lemon
Syrup:
60g icing sugar
22g lemon juice

Method
1　Sift the flour, baking powder and salt into a bowl then add the caster sugar, eggs and butter.
2　Mix with a hand mixer until lightened in colour.
3　Mix in the lemon zest and poppy seeds Transfer batter to the tin, level, and bake at 160°C for about 35-40 minutes, until a skewer comes out clean.
4　Mix the syrup ingredients together. When the cake is still warm from the oven, remove the baking paper, make holes in the cake with a skewer and brush over the syrup in a few layers.
5　Cool on a wire rack. When completely cool, cut and serve.

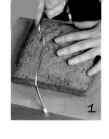

1

とても懐かしい焼き菓子で、モンクレのロゴマークのケーキです！
イエローとピンクの2色のスポンジケーキは、やさしいアーモンドの風味がたっぷり。
市松模様に組み合わせて、アプリコットジャムで貼りつけ、マジパンで包みます。
紹介しているように、色別に1台ずつケーキを焼いたほうが
きれいに仕上がりますが（完成は2台）、イギリスで売られている専用の焼き型、
またはベーキングペーパーを折り曲げて型に仕切りを作れば、
半量の生地で2色を同時に焼けるので、バッテンバーグ1台だけを作ることもできます。

2

stick!

3

バッテンバーグケーキ
Battenberg Cake

4

5

wrap!

- 予熱：165℃、1の後に
- 個数：2台
- 型：18×18cmの角型×2、それぞれベーキングペーパーを敷く
- メソッド：1～2＝オールインワン(p.137参照)、
  クリーミング(p.138参照)でも可
- 保存：冷蔵で5日程度、冷凍で3ヶ月

- Preheat : 165℃
- Quantity : 2
- Equipment : 18cm square cake tin x2,
  each lined with baking paper
- Store : up to 5 days in the fridge or
  3 months in the freezer

❀ 材料

ピンクのスポンジケーキ：
薄力粉…120g
アーモンドパウダー…35g
ベーキングパウダー…5g
塩…2g
グラニュー糖(微粒子)…145g
卵…135g
アーモンドオイル…2g
バター(食塩不使用／とてもやわらかい)
　…145g
食紅色素(赤またはピンク)
　…赤少量またはピンク適量
　(焼き上がりの色は、
　生の生地より少し薄くなる)

イエローのスポンジケーキ：
薄力粉…120g
アーモンドパウダー…35g
ベーキングパウダー…5g
塩…2g
グラニュー糖(微粒子)…145g
卵…135g
バニラオイル…2g
バター(食塩不使用／とてもやわらかい)
　…145g
組み立て用(2台分)：
アプリコットジャム…約260g
マジパン(p.136参照)…600g
　(300g×2に分ける)

Ingredients

Pink sponge:
120g cake flour
35g almond powder
5g baking powder
2g salt
145g caster sugar
135g eggs
2g almond oil
145g butter
(unsalted, very soft)
Red (or pink)
food colouring
(Note: colour is lighter
when baked.)

Yellow sponge:
120g cake flour
35g almond powder
5g baking powder
2g salt
145g caster sugar
135g eggs
2g vanilla oil
145g butter
(unsalted, very soft)
To assemble:
(amount for 2
Battenbergs)
260g apricot jam
600g marzipan
(split into
two 300g blocks)

❀ 作り方

1　ピンクのスポンジケーキを作る。ボウルに薄力粉、アーモンドパウダー、ベーキングパウダーと塩を合わせてふるい入れ、残りの材料を加え、ハンドミキサーで少し白っぽくなるまで混ぜる。

2　イエローのスポンジケーキを同様にして作る。

3　型2台にそれぞれの生地を流し入れ、表面を平らにし、165℃で約30分焼く。竹串を刺して生の生地がつかなければ焼き上がり。

4　粗熱が取れたら型から外し、ベーキングペーパーを取る。網にのせて冷まし、完全に冷めたら、高さ3.5cmになるように生地の上部を切り落とす(PH1)。また左右の端を2cmずつ切り落としてから、幅3.5cmになるように定規で計りながら縦4等分に切る(PH2)。ひとつのスポンジケーキは3.5×18cmの棒4本になる。

5　ラップの上にマジパンを置き、さらにラップを重ね、めん棒で18×33cmの長方形に伸ばす。

6　アプリコットジャムはよく混ぜ、鍋で温める。スポンジケーキの接着面にゴムベラでアプリコットジャムを塗り、ピンク2本とイエロー2本を市松模様に組み合わせる(PH3)。

7　市松模様に組んだケーキの底面にアプリコットジャムを塗り、上のラップを取ったマジパンにのせる。ケーキの側面と上面にアプリコットジャムを塗り(PH4)、マジパンで包む(PH5)。

8　新しいラップで全体を包み、冷蔵室で冷やしてから切り分ける。

Method

1　Make the pink sponge: Sift the flour, almond powder, baking powder and salt into a bowl, add the remaining ingredients and beat with a hand mixer on high speed until lightened in colour.

2　Repeat step 1 for the yellow sponge.

3　Pour into tins and bake at 165℃ for about 30 mins, until a skewer comes out clean.

4　When cool, level the cakes to 3.5cm tall, and trim the left and right edges to make a 14cm wide cake. (Photo. 1) Cut each cake into four 18cm long x 3.5cm wide strips. (Photo. 2) Two pink and two yellow lengths of sponge make one Battenberg.

5　Roll out each block of marzipan to a 18cm x 33cm rectangle between two sheets of plastic wrap.

6　Beat the apricot jam and heat in a saucepan, use it to glue the four sponge lengths together, forming a chequered pattern. (Photo. 3)

7　Spread the top of the cake with jam and stick it to the marzipan. Spread the remaining three sides with jam (Photo. 4), and wrap the marzipan around the cake. (Photo. 5)

8　Wrap and chill before cutting.

Column 1

イギリスのお菓子は
食べ方が重要

イギリス菓子を販売する時の難しい点のひとつは、「食べ方」についても伝えなくてはいけないことです。フランス菓子の場合はすでに商品化されていて、1人分ずつきれいに分けて上品に仕上げされてあり、食べる際にはフィルムを開けてフォークでどうぞ。レストランという言葉も文化もフランス発祥です。昔からフランスの食べ物は売るために計画されているのでしょう。イギリスの食文化は家庭からできているのでアップルクランブルやシェリートライフルのように、ひとつの大きなデザートを崩してみんなで取り分けたり、温かいうちに食べるのが一番おいしいものがあったり、またカスタードやアイスクリームなどを添えることが欠かせないものもあります。

最終的には好みなのですが、いくつか食べ方のパターンを紹介します。

ブラムリーアップルのお菓子は酸味が強いため、乳製品と一緒に食べる習慣があります。乳製品のクリーミーさで酸味がまろやかになり、甘いだけじゃなくバランスのいい甘酸っぱいデザートになります。クセになってしまうでしょう。アップルパイにアイスクリームを添えるのは世界中で人気ですが、特にイギリスらしい食べ方をしたい場合はホットカスタードソースをかけます。アップルパイを常温や冷えた状態で食べる場合、生クリームと合わせてもおいしいです。砂糖やバニラは加えず、泡立てもせず、そのまま注ぐのが一般的で「ポーリングクリーム（pouring cream）」といいます。バノフィーパイやシェリートライフルにのせるクリームもそうですが、イギリス菓子はホイップをしても砂糖を加えない生クリームの自然な甘みを楽しむ場合が多いのです。

プディングのほとんどはホットカスタードソースになります。ほくほく＆ふわふわのスポンジプディングにまろやかなカスタードの組み合わせは、冬の時季に

本当においしい。ちなみにイギリス人はカスタードをたっぷりかけるので、プディングを食べる時にはボウルとスプーンが必要です。外食ですでにかけている状態で運ばれてきたら、ボウルの中にはプディングの頭しか見えない可能性もあります！

温かいうちに食べるものは、ブレッド＆バタープディング、ジャムローリーポーリー、アップルクランブル、スチームスポンジプディング、スティッキートフィープディング、クリスマスプディング。

ジンジャードリズルケーキやヨークシャーパーキンジンジャーブレッドのようにジンジャーやモラセスを使うケーキ、フルーツケーキのアイリッシュティーブラックケーキには、イギリス人はつい常温にした有塩バターを塗って食べます。

最後はびっくりする食べ方をご紹介します。エクルスケーキやクリスマスケーキなどカレンズやドライフルーツが入っているケーキには、チーズをのせて食べます！　私も試す前には違和感がありましたが、おいしいのです！　ちょっと酸味と塩分のあるチーズ、黄色いマチュアチェダーがちょうどいいと思います。薄くスライスして一緒に食べてみてください。おしゃれなお店でワイン＆チーズを食べる時に出てくるドライフルーツと同じような感覚でしょう。

Nostalgic
Recipes

昔懐かしいレシピ

子どもの誕生日パーティーに欠かせない
カップケーキや
幼稚園や小学校の給食によく出る
定番の温かいデザートなど、
ノスタルジーを感じる素朴なおやつです。

イギリスではカップケーキのことを
「フェアリーケーキ（fairy cakes）」と呼び、
バタフライケーキはフェアリーケーキのひとつ。
子どもの誕生日パーティーによく登場する、
懐かしいおやつです。
このレシピでは甘酸っぱい
レモンカードが入っています。

レモンカード入りバタフライケーキ
Butterfly Cakes with Lemon Curd

- 予熱：160℃、作り始める前に
- 個数：6個
- 型：マフィン型、グラシンケースを敷く
- メソッド：1＝オールインワン（p.137参照）
- 保存：ケーキ＝冷蔵で3日程度
- レモンカード：冷蔵で4日程度、冷凍で3ヶ月

❀ 材料

薄力粉…100g
ベーキングパウダー…4g
塩…1g
バター（食塩不使用／とてもやわらかい）
　…70g
グラニュー糖（微粒子）…70g
卵…55g
バニラオイル…1g
牛乳…30g

フィリング：
レモンカード
　（ハウツー参照）…適量
仕上げ用：
粉糖…適量

作り方

1 ボウルに薄力粉、ベーキングパウダーと塩を合わせてふるい入れ、バター、グラニュー糖、卵、バニラオイルを加え、ハンドミキサーでなめらかになるまで混ぜる。

2 牛乳を加えて混ぜる。

3 型に生地を流し入れ、160℃で約18分、色がつくまで焼く。竹串を刺して生の生地がつかなければ焼き上がり。

4 網にのせて冷まし、完全に冷めたら、ケーキの上部をナイフでくりぬき（PH1）、くりぬいた生地を半分に切る（PH2）。ケーキのくぼみにレモンカードを詰め、くりぬいたケーキを蝶の羽のように飾り、表面に粉糖をふる。

- Preheat : 160°C
- Quantity : 6
- Equipment : muffin tray lined with cupcake cases
- Store : cakes up to 3 days in the fridge. Lemon curd: up to 4 days in the fridge or freeze for 3 months

Ingredients

100g cake flour
4g baking powder
1g salt
70g butter (unsalted, very soft)
70g caster sugar
55g eggs
1g vanilla oil
30g milk

Filling:
Lemon curd (see How To)
To finish:
Icing sugar

Method

1 Sift the flour, baking powder and salt into a bowl then add the butter, caster sugar, eggs and vanilla oil. Mix with a hand mixer until lightened in colour.

2 Mix in the milk.

3 Divide between the paper cases, and bake for about 18 minutes at 160°C, until a skewer comes out clean.

4 Transfer to a wire rack. When completely cool, cut a cone shape out of the top of each cake, (Photo. 1) and slice the cone in half to make wings. (Photo. 2) Fill with lemon curd and arrange the wings on top. Dust with icing sugar.

How To

レモンカードの作り方
Making lemon curd

● 材料（バタフライケーキ12個分）
グラニュー糖（微粒子）…100g
バター（食塩不使用／常温）…45g
塩…1g
卵…55g
卵黄…20g
レモン果汁…80g

Ingredients (enough for about 12 cakes)
100g caster sugar
45g butter (unsalted, room temperature)
55g eggs
20g yolks
1g salt
80g lemon juice

● 作り方

1 鍋にグラニュー糖、バター、塩を入れて混ぜる。卵と卵黄を少しずつ加えながら混ぜ、レモン果汁も加えて混ぜ続ける。分離しても問題ない。

2 混ぜながら弱火にかけ、バターが溶けてからは注意が必要。60℃を超えて濃度やつやつやとした感じが出てきてもさらに温め続け、スプーンの裏に厚いコーティングができる状態になったら火を止め、粗熱が取れるまで混ぜ続ける。表面にラップをかけ、使うまで冷蔵庫で冷やしておく。

Method

1 Cream the butter, sugar and salt together in a saucepan. Add the eggs and yolks and mix well before stirring in the lemon juice. It's ok if the mixture curdles.

2 Gently heat the mixture while stirring. As the temperature goes above 60°C the eggs will start to thicken. Remove from heat when thick enough to coat the back of a spoon, and stir as it cools. Press plastic wrap onto the surface to prevent a skin forming. Chill before use.

Memo

バタークリームのオプション
Buttercream variation

バター（食塩不使用／常温）50g、粉糖35g、塩ひとつまみを混ぜてバタークリーム（p.140参照）を作り、レモンカードのまわりに絞って、くりぬいたケーキを蝶の羽のように飾ってもいい。

Mix 50g of unsalted butter with 35g of icing sugar and a pinch of salt with a hand mixer to make a buttercream, and pipe around the lemon curd filling. Decorate with the butterfly wings as per the main recipe.

コーンフレークタルト
Cornflake Tarts

- 予熱：180℃、4の後に
- 個数：6個
- 型：直径10cmの丸い抜き型、マフィン型
- メソッド：1＝すり合わせ（p.137参照）
- 保存：冷蔵で5日程度

- Preheat : 180℃ after step 4
- Quantity : 6
- Equipment : 10cm round cutter, muffin tray
- Store : up to 5 days in the fridge

❀材料

スイートショートクラスト生地：
中力粉…130g
塩…2g
バター（食塩不使用／冷えて硬い／角切り）
　…70g
グラニュー糖（微粒子）…20g
卵…22g
冷水…5g
ラズベリージャム…70g

フィリング：
ゴールデンシロップ…30g
グラニュー糖（微粒子）…30g
バター（食塩不使用／常温）…40g
コーンフレーク…70g

❀作り方

1 ボウルに中力粉と塩を入れ、手で混ぜる。バターを加え、指先ですり合わせ、さらさらと砂っぽい状態にする。

2 グラニュー糖を加えて混ぜる。

3 卵と冷水を合わせて半量を加え、ディナーナイフ（またはゴムベラ）で軽く混ぜる。残りを少しずつ加え、ナイフの平らな部分で、しっとりしている生地を乾いた生地に押し込むようにする。

4 打ち粉をした台に取り出し、手でまとめながら軽くこね、ラップに包んで冷蔵室で30分寝かせる。

5 生地を厚さ2mmに伸ばし、10cmの抜き型で丸く抜く。

6 マフィン型に敷き、冷蔵室で冷やす。

7 生地にアルミ箔を敷き、空焼き用の重石をのせ、180℃で約15分、縁が少しキツネ色になるまで焼く。重石とアルミ箔を外し、さらに2～5分焼く。

8 それぞれのタルトにラズベリージャムを入れる。

9 フィリングを作る。鍋にゴールデンシロップとグラニュー糖、バターを入れて中火にかけ、焦げないように混ぜながら130℃まで温める。127℃まで上がったら余熱が入るので火から下ろしてもOK。火傷しないように気をつけて、熱いシロップを耐熱ボウルに入れたコーンフレークにかけて全体にからめる。

10 コーンフレークの粗熱が取れたら、温かいうちにジャムの上に山盛りにのせ、180℃で2～3分、シロップが固まるまで焼く。

11 網にのせて冷ます。

Ingredients

Sweet shortcrust pastry:
130g medium flour
2g salt
70g butter
(unsalted, chilled, diced)
20g caster sugar
22g eggs
5g cold water
70g raspberry jam

Filling:
30g golden syrup
30g caster sugar
40g butter
(unsalted,
room temperature)
70g cornflakes

Method

1 Mix the flour and salt together with your hand in a large bowl. Add the butter and rub it in, until the mixture resembles fine sand.

2 Mix in the sugar.

3 Beat the egg with the water, and with a cutlery knife (or spatula), using the flat part of the blade to press the wet parts of the dough into the dry, add enough of the liquid as needed to form a dough.

4 Knead briefly on a lightly floured counter. Wrap and chill for 30 minutes.

5 Roll pastry out to about 2mm thick and cut out six 10cm rounds.

6 Line the muffin tin with the pastry, chill.

7 Place foil into each cup and fill with baking weights. Bake at 180℃ for about 15 minutes, or until edges have browned. Remove foil and weights and bake for a further 2-5 minutes.

8 Spoon raspberry jam into each cup.

9 Make the filling: heat the golden syrup, sugar and butter in a saucepan. Stirring to prevent burning, boil the mixture until it reaches 130℃ (residual heat from the pan will raise the temperature, so stop around 127℃). Being careful not to burn yourself, pour the hot syrup over the cornflakes in a heatproof bowl, stir to coat evenly.

10 While still warm, but cool enough to handle, mound the cornflakes into each cup and bake for a further 2-3 minutes to set.

11 Cool on a wire rack.

イギリスでは給食の時間にも出てきます。
カスタードをたっぷりかけ、
スプーンで崩して食べた思い出のある
イギリス人は多いでしょう。
アイスクリームを添えてもおいしい!
サクサクのタルト生地に甘酸っぱいラズベリージャム、
そしてカリカリのコーンフレークは
ほろ苦いゴールデンシロップで固定されています。

トリークルタルト
Treacle Tart

材料を見るとびっくりするかもしれませんが……、
イギリスで愛されているお菓子です。
イギリスのファンタジー小説
『ハリー・ポッター（Harry Potter)』シリーズでは、
魔法魔術学校の歓迎会のデザートとして登場し、
主人公ハリーの大好物とされています。
ゴールデンシロップの独特な甘みとほろ苦さが
レモン果汁とよく合い、絶妙のバランス。
好みで生姜の砂糖漬けや
生姜パウダーを加えてもおいしいです。

- 予熱：180℃、3の後に
- 個数：1台
- 型：直径22cmのタルト型
- メソッド：1＝すり合わせ（p.137参照）
  　　　　　4・6＝生地の伸ばし方（p.139参照）
- 保存：冷蔵で5日程度、冷凍で3ヶ月

❀ 材料
バターショートクラスト生地：
中力粉…250g
塩…2g
バター（食塩不使用／冷えて硬い／角切り）
　…125g
冷水…35 ～ 45g
フィリング：
ゴールデンシロップ…350g
バター（食塩不使用／常温）…30g
塩…1g
生クリーム（脂肪分42%）…40g
パン粉（細かくすりおろす）…50 ～ 70g
　（フィリングの硬さで調整する）
レモン果汁…40g
レモンの皮（細かくすりおろす）…1個分（60g）
つや出し用：
卵…適量

❀ 作り方

1 ボウルに中力粉と塩を入れ、手で混ぜる。バターを加え、指先ですり合わせ、さらさらと砂っぽい状態にする。

2 冷水の半量を加え、ディナーナイフ（またはゴムベラ）で軽く混ぜる。ナイフの平らな部分で、しっとりしている生地を乾いた生地に押し込むようにする。残りの半量は、様子を見ながら少しずつ加える。手でひとまとめにする。

3 打ち粉をした台に取り出し、軽くこね、ラップに包んで冷蔵室で30分寝かせる。

4 生地の2/3量を厚さ2～3mmの円形に伸ばす。

5 型に敷き詰め、型からはみ出た生地をディナーナイフで切り落とす。底部にフォークで空気穴を数か所あけ、冷蔵室で冷やす。

6 残りの生地を厚さ2mmの長方形に伸ばし、表面につや出し用の卵を塗り、冷蔵室で冷やす。

7 型に敷いた生地に打ち粉をふってアルミ箔を敷き、空焼き用の重石をのせ、180℃で約20分、縁が少しキツネ色になるまで焼く。重石とアルミ箔を外し、さらに5～10分焼く。

8 フィリングを作る。鍋にゴールデンシロップ、バター、塩を入れて弱火にかけ、バターが溶けたら火を止める。生クリーム、パン粉、レモン果汁、レモンの皮も加えて混ぜる。使う前に冷やしておくと、編む作業がやりやすい。

9 タルトにフィリングを流し入れ、表面を平らにする。

10 長方形に伸ばした生地を幅1cmの棒状に切ってのせ、ラティス模様を作る（ハウツー参照）。160℃に下げて約40分、フィリングが固まり、生地に焼き色がつくまで焼く。

11 温かくしてカスタード、冷ましてクロテッドクリームと一緒に食べるのもおすすめ。

How To

ラティス模様の作り方
Weaving the lattice

棒状の生地を横向きで等間隔にのせる。一本飛ばしで、生地を数cmのところで折り返し、別の棒状の生地を交差させる。この工程を交互に繰り返し、型からはみ出た生地を切り落とす。

Lay a few strips of pastry horizontally over the filling. Fold back every other strip near the edge of the tart and lay one vertical strip over the horizontal strips. Unfold the folded strips, and fold back the previously non-folded ones. Continue weaving until you reach the other side of the tart. Cut off any excess.

- Preheat : 180°C after step 3
- Quantity : 1
- Equipment : 22cm tart tin
- Store : up to 5 days in the fridge or
  3 months in the freezer

Ingredients

Butter shortcrust pastry:
250g medium flour
2g salt
125g butter
(unsalted, chilled, diced)
35-45g cold water
Filling:
350g golden syrup
30g butter
(unsalted, room temperature)
1g salt
40g cream(42% fat)
50-70g fine breadcrumbs
(adjusts firmness of the filling)

40g lemon juice
Zest of 1 lemon
Egg wash:
Beaten egg

Method

1 Mix the flour and salt together with your hand in a large bowl. Add the butter and rub it in, until the mixture resembles fine sand.

2 Add about half of the water, and with a cutlery knife (or spatula), using the flat part of the blade to press the wet parts of the dough into the dry. Add enough of the rest of the water as needed to form a dough.

3 Knead briefly on a lightly floured counter. Wrap and chill for 30 minutes.

4 Cut off 2/3 of the dough, and roll out to a 2-3mm thick circle to fit your tart tin.

5 Line the tin with the pastry, trim excess, prick the base with a fork and chill.

6 Roll out remaining pastry to a rectangle 2mm thick, brush with egg and chill.

7 Lay foil over the pastry in the tart dish and fill with baking weights. Bake at 180°C for about 20 minutes, until the edges are browned. Remove foil and weights, and bake for a further 5-10 minutes.

8 Make the filling: gently heat golden syrup and butter in a medium saucepan until melted. Remove from heat, add the cream, lemon juice, zest and breadcrumbs. Chill before use.

9 Pour the filling into the baked base.

10 Cut the egg-washed pastry into 1cm wide strips, and place on the tart surface to make the lattice (see How To). Bake at 160°C for about 40 minutes until the filling is set and golden.

11 Serve warm with custard, or cooled with clotted cream.

ブレッド＆バタープディング
Bread & Butter Pudding

- 予熱：160℃、作り始める前に
- 型：容量500mlの耐熱皿
- 保存：冷蔵で3日程度、冷凍で3ヶ月

- Preheat : 160°C
- Equipment : 500ml heatproof dish
- Store : up to 3 days in the fridge or 3 months in the freezer

❀ 材料

白い食パン
（またはブリオッシュ、クロワッサン）
…70g

バター（食塩不使用／常温）…15g

レーズン…15g

ミックススパイス…適量

好みでブランデー…4g

《スパイス類》

シナモンパウダー…適量

フレッシュナツメグ…適量

ソース：

牛乳…75g

生クリーム（脂肪分42%）…75g

グラニュー糖（微粒子）…35g

卵黄…30g

バニラオイル…1g

塩…0.5g

つや出し用：

アプリコットジャム…適量

仕上げ用：

グラニュー糖（微粒子）…適量

粉糖…適量

Ingredients

70g white bread
(or brioche, or croissants)

15g butter
(unsalted, room temperature)

15g raisins

Pinch mixed spice

4g brandy, optional

Spices:

Pinch cinnamon

Pinch freshly grated nutmeg

Sauce:

75g cream
(42% fat)

75g milk

35g caster sugar

30g yolks

1g vanilla oil

0.5g salt

Glaze:

Apricot jam

To finish:

Caster sugar

Icing sugar to dust

❀ 下準備

- レーズンはミックススパイスと合わせ、
  好みでブランデーにひと晩漬けておく。

Preparation

- Combine the raisins and mixed spice,
  soak in brandy overnight.

❀ 作り方

1. 食パンの片面にバターを塗り、4等分の三角形に切る。耐熱皿にもバターを薄く塗る。私はパンの耳を付けたまま焼くのが好き。もちろん切り落としてもいい。

2. 耐熱皿にバターを塗った面を上にして食パンを並べ、間にレーズンをはさむ。レーズンが焦げるので、できるだけ中に入れ込み、スパイス類をふる。

3. ソースを作る。鍋に牛乳と生クリームを入れて弱中火にかけ、湯気が見えるまで温める。

4. 耐熱ボウルにグラニュー糖、卵黄、バニラオイル、塩を入れて混ぜ、温まった液体を少しずつ加えて混ぜる。

5. パンの上にソースを注ぎ、しみ込ませるために約20分おく。

6. グラニュー糖をふり、160℃で約25分、耐熱皿より大きな耐熱容器に湯をはって湯せん焼きをする。ソースが固まり、はみ出しているパンがキツネ色でカリカリに焼けたら完成。

7. 表面に温めたアプリコットジャムを塗り、粉糖をふる。冷めてもおいしく、アイスクリームと一緒に食べるのがおすすめ。

Method

1. Butter the bread on one side, and cut them into triangles. I like to keep the crusts on, but remove them if you prefer. Butter the baking dish.

2. Arrange the bread in the dish, scattering raisins between the slices. Raisins left on top are likely to burn. Sprinkle on the spices.

3. Make the sauce: heat the milk and cream until steaming.

4. Meanwhile in a heatproof bowl, mix the yolks, caster sugar, vanilla oil and salt. Pour the hot liquid slowly onto the yolks while stirring.

5. Pour the sauce over the bread and leave to soak for 20 minutes.

6. Sprinkle with caster sugar and bake in a water bath (a container bigger than your baking dish, half-filled with hot water) at 165°C for 25 minutes, or until the custard is set and the bread on top is crisp and browned.

7. Brush with warmed apricot jam, dust with icing sugar. Nice hot or cold with ice cream or custard.

イギリスらしいコンフォートフードならこれ!
戦後の節約時代に大人気でした。
イギリスの幼稚園の「ナーサリー プディング（nursery pudding）」のひとつで、
焼きたてを温かいうちに食べることが多いのですが、冷たくしてもおいしい。

ヴィクトリア朝のジェノアケーキ
Victorian Genoa Cake

ちょっと贅沢な、軽い口当たりのフルーツケーキです。
16世紀のイタリアで生まれたジェノアケーキはイーストを使うクリスマスのパンですが、
このレシピはヴィクトリア時代（1837-1901）のイギリスで、
イーストなしのパウンドケーキとして生まれ変わったもの。
レーズン類は使わずドレンチェリーだけ、きび砂糖ではなくグラニュー糖だけ使うなど、
レシピのバリエーションは豊富にあります。

- 予熱：130℃、作り始める前に
- 個数：1台
- 型：直径15cmの深い丸型、ベーキングペーパーを敷く
- メソッド：1～4＝クリーミング（p.138参照）、
　　　　　　オールインワンでも可（p.137参照）
- 保存：冷蔵で21日程度、冷凍で3ヶ月

- Preheat : 130°C
- Quantity : 1
- Equipment : 15cm cake tin (round, deep),
　　　　　　　lined with baking paper
- Store : up to 21 days in the fridge or 3 months
　　　　　in the freezer

❀ 材料

バター（食塩不使用／低めの常温）…100g
グラニュー糖（微粒子）…80g
きび砂糖…10g
卵…95g
バニラオイル…3g
中力粉…110g
アーモンドパウダー…20g
ミックススパイス…4g
ベーキングパウダー…3g
塩…1.5g

《レーズン類》
サルタナレーズン…70g
レーズン…40g
カレンズ…40g

《フルーツ類》
ドレンチェリー…50g
ドライアプリコット…40g
オレンジピール（p.135参照）…20g

ブランデー…20g
オレンジ果汁…20g

飾り用：
ドレンチェリー、アーモンド、
　クルミ、ブラジルナッツなど
　…各適量

つや出し用：
　アプリコットジャム…適量

❀ 下準備

- ドレンチェリーは半分に切る。
- ドライアプリコットとオレンジピールは、幅5mmに切る。
- レーズン類とフルーツ類はブランデーとオレンジ果汁を
　合わせたものにひと晩漬けておく。

❀ 作り方

1　ボウルにバターを入れ、ハンドミキサー（または木のスプーン）で
　やわらかくなるまで混ぜる。
2　グラニュー糖ときび砂糖を加え、白っぽくなるまで混ぜる。
3　卵とバニラオイルを合わせ、少しずつ加えて混ぜる。
4　中力粉、アーモンドパウダー、ミックススパイス、ベーキングパウ
　ダー、塩を合わせてふるい入れ、ゴムベラで混ぜる。
5　レーズン類とフルーツ類を加えて混ぜる。
6　型に生地を流し入れ、表面を平らにし、飾り用のナッツなどを並べ
　る。押しつける必要はない。130℃で約90分焼く。竹串を刺して生
　の生地がつかなければ焼き上がり。
7　表面に水適量（分量外）を混ぜてゆるくしたアプリコットジャムを
　塗り、オーブンに戻し入れて余熱で約2分乾かす。
8　粗熱が取れたら型から外し、ベーキングペーパーを取り、網にのせ
　て冷ます。

Ingredients

100g butter
(unsalted,
cool room temperature)
80g caster sugar
10g brown sugar
95g eggs
3g vanilla oil
110g medium flour
20g almond powder
4g mixed spice
3g baking powder
1.5g salt
Dried fruit:
70g sultanas
40g raisins
40g currants

Other fruit:
50g glacé cherries
40g dried apricots
20g candied orange peel
(p.135)
20g fresh orange juice
20g brandy
To decorate:
Additional red and
green glacé cherries,
nuts such as almonds,
walnuts, Brazil nuts, etc.
To glaze:
Apricot jam

Preparation

- Cut the glacé cherries in half.
- Chop the dried apricots and candied orange
 peel into 5mm pieces.
- Soak the dried fruit and other fruits in brandy
and orange juice overnight.

Method

1　With a hand mixer or wooden spoon, beat the
　butter until smooth.
2　Add caster sugar and continue to beat until
　fluffy and lightened in colour.
3　Mix the vanilla with the eggs, and add to the
　batter a little at a time.
4　Combine the flour, almond powder, mixed spice,
　baking powder and salt, sift onto the batter and
　fold in with a spatula.
5　Mix in the soaked fruits.
6　Transfer to the tin, level, and gently place your
　decoration nuts and cherries in a pattern on the
　surface. Bake at 130°C for about 90 minutes,
　until a skewer comes out clean.
7　Brush the top of the cake with warmed apricot
　jam diluted with a splash of water and bake
　for a further two minutes to dry.
8　Remove from tin once cool enough to handle
　and transfer to a wire rack to cool.

スイスロール
Swiss Roll

歴史的なシードケーキ
Historical Seed Cake

メイズオブオナー
Maids of Honour

スイスロール
Swiss Roll

懐かしくて、そしてかわいい！
ちょっとレトロでクラシックなスイスロールです。
手作りしたものは特においしく、作り方はとても楽しい〜！
定番はジャムですが、生クリームやバタークリーム、
レモンカードなどでアレンジもできます。
余ったら、シェリートライフルのスポンジとして使えますね。

- 予熱：200℃、作り始める前に
- 個数：1本
- 型：20×25cmのロールケーキ型、
　　　ベーキングペーパーを敷く
- メソッド：1＝泡立て（p.138参照）
- 保存：当日中がおいしいが、冷蔵で5日、冷凍で3ヶ月

- Preheat : 200°C
- Quantity : 1
- Equipment : 20 x 25cm Swiss roll tray,
　　　　　　　lined with baking paper
- Store : nicest freshly baked, up to 5 days in
　　　　　the fridge or 3 months in the freezer

❈材料
卵…165g
グラニュー糖（微粒子）…75g
中力粉…75g
塩…0.5g
バター（食塩不使用／常温）…50g
湯…10g
ラズベリージャム…約80g
仕上げ用：
グラニュー糖（微粒子）…適量

❈下準備
・バターは鍋（または電子レンジ）で溶かしておく。

❈作り方
1 耐熱ボウルで卵を湯せんにかけ、ハンドミキサーで倍量になるまで混ぜる。グラニュー糖を少しずつ加えながらさらに混ぜ、湯せんから外す。
2 中力粉、塩を合わせてふるい入れ、ゴムベラで混ぜる。
3 溶かしたバターも加えて混ぜ、湯も加えて混ぜる。
4 型に生地を流し入れ、表面を平らにし、200℃で約10分焼く。竹串を刺して生の生地がつかなければ焼き上がり。
5 新しいベーキングペーパーにグラニュー糖を広げる。ケーキがまだ温かいうちに型から外し、裏返してグラニュー糖の上にのせ、ケーキのベーキングペーパーを外す。
6 生地の端を切り落とし、短い辺を手前にして、手前の端から約1cmのところにナイフで軽く筋をつけ、ラズベリージャムを均一に塗る。塗りすぎないほうがおいしくて切りやすい。
7 下のペーパーを使って手前から巻く。ナイフの筋に沿って折るようにして芯を作ると巻きやすい。冷めるまでそのままにして、形を固定させる。ペーパーを外して、表面にグラニュー糖をふる。

Ingredients
165g eggs
75g caster sugar
75g medium flour
0.5g salt
50g butter (unsalted, room temperature)
10g hot water
80g raspberry jam
To finish:
Caster sugar

Preparation
- Melt butter in a small pan or microwave.

Method
1 Whisk the egg with a hand mixer over a bain-marie until doubled in volume. Whisk in the sugar bit by bit then remove from heat.
2 Sift the flour and salt over the mixture and fold in, retaining the air.
3 Mix in the melted butter, then the hot water.
4 Pour into the tray, level, and bake for about 10 minutes at 200°C, until a skewer comes out clean.
5 Sprinkle the surface of a piece of baking paper with caster sugar. While hot, lay the sponge face down on the caster sugar. Carefully remove the sponge's backing paper.
6 Trim the edges, make a light indentation about 1cm parallel to one of the short edges, and turn the sponge so this is in front of you. Spread with jam, a thin layer is easier to cut.
7 Using the paper underneath, roll up from the edge with the indentation. Leave wrapped up to set the shape. When serving the roll, sprinkle more sugar on top.

歴史的なシードケーキ
Historical Seed Cake

種蒔き作業を終えたことを祝う、昔ながらのお菓子。
北アイルランドでなら見つけられるかもしれませんが、
現在のイギリスでは珍しくなりました。
キャラウェイシードのとても独特な味わいは、
オレンジピールやスパイスと好相性。
紅茶はもちろん、マディラワインと一緒にどうぞ!

- 予熱：165℃、作り始める前に
- 個数：1台
- 型：直径15cmの深い丸型、ベーキングペーパーを敷く
- メソッド：1〜4＝クリーミング(p.138参照)、
  オールインワン(p.137参照)でも可
- 保存：冷暗所で7日程度、冷凍で3ヶ月

- Preheat : 165°C
- Quantity : 1
- Equipment : 15cm cake tin (round, deep),
  lined with baking paper
- Store : up to 7 days in a cool place or 3 months
  in the freezer

❀ 材料

バター(食塩不使用／低めの常温)…100g
グラニュー糖(微粒子)…100g
卵…90g
薄力粉…115g
アーモンドパウダー…25g
ベーキングパウダー…5g
塩…2g
フレッシュナツメグ…1g
オレンジピール(p.135参照)…20g
キャラウェイシード…5g
牛乳…15g
好みでコーヒーシュガー…適量

❀ 作り方

1 ボウルにバターを入れ、ハンドミキサー（または木のスプーン）で
やわらかくなるまで混ぜる。

2 グラニュー糖を加え、ふわふわと白っぽくなるまで混ぜる。

3 卵を少しずつ加えて混ぜる。

4 薄力粉、アーモンドパウダー、ベーキングパウダー、塩、フレッシュ
ナツメグを合わせてふるい入れ、ゴムベラで混ぜる。

5 オレンジピールとキャラウェイシードも加えて混ぜ、牛乳も加えて
混ぜる。

6 型に生地を流し入れ、表面を平らにし、好みでコーヒーシュガーを
ふり、165℃で約55分焼く。竹串を刺して生の生地がつかなければ
焼き上がり。

7 粗熱が取れたら型から外し、ベーキングペーパーを取り、網にのせ
て冷ます。

Ingredients

100g butter
(unsalted, cool room temperature)
100g caster sugar
90g eggs
115g cake flour
25g almond powder
5g baking powder
2g salt
1g freshly grated nutmeg
20g candied orange peel (p.135)
5g caraway seeds
15g milk
Optional:
coffee sugar to decorate

Method

1 With a hand mixer or wooden spoon, beat the
butter until smooth.

2 Add caster sugar and continue to beat until
fluffy and lightened in colour.

3 Add the eggs to the batter a little at a time.

4 Combine the flour, almond powder, baking
powder, salt and nutmeg, sift onto the batter
and fold in with a spatula.

5 Add the caraway seeds, candied orange,
and stir in the milk.

6 Transfer to the tin, level, and if you like sprinkle
with coffee sugar. Bake for about 55 minutes at
165°C, until a skewer comes out clean.

7 Remove from tin once cool enough to handle
and transfer to a wire rack to cool.

メイズオブオナー
Maids of Honour

16世紀のイングランド王ヘンリー8世（1491-1547）が
愛したとされるチーズタルト。あまりのおいしさに、
オリジナルのレシピは門外不出にしたという逸話も！
イギリスでオリジナルレシピを試してみたいなら、
ロンドンにある老舗ティールーム「ニューエンズ（Newens）」で
唯一食べることができますが、手作りしてもおいしく焼き上がります！

- 予熱：200℃、作り始める前に
- 個数：8個
- 型：直径9cmの丸い抜き型、ミンスパイ型（p.10参照）
- メソッド：2＝泡立て（p.138参照）
- 保存：冷蔵で3日程度

- Preheat : 200°C
- Quantity : 8
- Equipment : 9cm round cutters, mince pie tray
- Store : up to 3 days in the fridge

❈ 材料

ラフパフ生地
　（常温／p.132参照
　　／または市販の冷凍パイシート）
　…500g
フィリング：
クリームチーズ（常温）…35g
ブランデー…10g
レモン果汁…5g
レモンの皮（細かくすりおろす）
　…適量
生クリーム（脂肪分42%）…15g

卵…40g
グラニュー糖（微粒子）…50g
バター（食塩不使用／常温）…40g
アーモンドパウダー…15g
フレッシュナツメグ…ひとつまみ
塩…0.5g

❈ 下準備

・バターは鍋（または電子レンジ）で溶かしておく。

❈ 作り方

1　フィリングを作る。ボウルにクリームチーズを入れてハンドミキサーでやわらかくし、ブランデー、レモン果汁とレモンの皮を加えて混ぜ、生クリームも加えて混ぜる。

2　別のボウルで卵をハンドミキサーで倍量になるまで混ぜる。グラニュー糖を少しずつ加えながらさらに混ぜる。

3　溶かしたバターを加えて混ぜ、アーモンドパウダー、フレッシュナツメグ、塩を加えて混ぜる。

4　混ぜたクリームチーズ類を加え、泡をつぶさないようにさっくり混ぜる。

5　ラフパフ生地はめん棒で20×40cmに伸ばす。

6　抜き型で抜き、ミンスパイ型に敷いて縁を立て、フィリングを小さじ2ずつ置く。

7　200℃で約25分、生地が膨らんで、フィリングが色づくまで焼く。

8　網にのせて冷ます。

Ingredients

500g rough puff pastry
(P.132, cool room temperature,
or use defrosted puff pastry)
Filling :
35g cream cheese (room temperature)
10g brandy
5g lemon juice
Pinch of lemon zest
15g cream (42% fat)
40g eggs
50g caster sugar
40g butter (unsalted, room temperature)
15g almond powder
Pinch of freshly
grated nutmeg
0.5g salt

Preparation

• Melt butter in a small pan or microwave.

Method

1　Make the filling: beat the cream cheese with a hand mixer until soft, mix in the brandy, lemon juice and zest. Add the cream.

2　In a separate bowl, beat the eggs until very fluffy, then add the sugar bit by bit.

3　Add the melted butter to the eggs while continuing to beat, then add the almond powder, nutmeg and salt.

4　Mix the cream cheese mix into the egg mixture, retaining as much air as possible.

5　Roll the rough puff pastry to 20 x 40cm.

6　Cut 8 circles of pastry, transfer to a mince pie tray and spoon in about 2 teaspoons of filling into each.

7　Bake at about 200°C for around 25 minutes, until the pastry has puffed up and the filling has browned.

8　Cool on a wire rack.

ジャムローリーポーリー
Jam Roly Poly

ビアトリクス・ポターの絵本にも登場する
とても懐かしい、幼稚園や小学校の給食によく出る定番の温かいデザート。
イギリスの「ナーサリー プティング（nursery pudding）」のひとつです。
ここでいうプティングはプリンの意味ではなく、お菓子、特に温かいお菓子のことを指しています。
サーブする時は、カスタードソースをたっぷり添えていただきましょう。

- 予熱：190℃、作り始める前に
- 個数：1本
- 保存：冷蔵で3日程度、冷凍で3ヶ月

- Preheat : 190°C
- Quantity : 1
- Store : up to 3 days in the fridge or 3 months in the freezer

❀材料

中力粉…165g
グラニュー糖(微粒子)…30g
ベーキングパウダー…6g
塩…1.5g
スエット（または冷凍バターをすりおろす）…60g
水…60 〜 80g
ラズベリージャム…約120g

❀作り方

1 ボウルに中力粉、グラニュー糖、ベーキングパウダー、塩を入れて混ぜる。
2 冷たいスエットを加え、やわらかい生地ができるまで水を少しずつ加えて混ぜる。
3 打ち粉をした台に取り出し、めん棒で16 × 28cmの長方形に伸ばす。
4 三辺（脇と奥側）の縁1cmを残し、ラズベリージャムを厚く塗る。閉じ目に近い奥側は薄く塗ると巻きやすい。縁1cmに水少量を塗る。
5 ジャムがはみ出ないように、手前から、両端を閉じながらふんわり巻く。
6 ベーキングペーパーの真ん中に、閉じ目を下にして生地を置く。ペーパーの両端を持ち上げ、生地が大きく膨らむように上部に余裕をもたせて折り、口を閉じる。両横部分はねじって閉じる。ペーパーごと天板にのせ、190℃で約40分、ジャムがブクブク出てくるまで焼く。色づけのため、最後の10分はペーパーを開いて焼く。
7 温かいカスタードソースと一緒に、アツアツのうちにどうぞ!

Ingredients

165g medium flour
30g caster sugar
6g baking powder
1.5g salt
60g suet
(or grated frozen butter)
60 - 80g cold water
120g raspberry jam

Method

1 Mix the flour, sugar, baking powder and salt together.
2 Add the suet and enough of the water to make a dough.
3 On a floured counter, roll out to about 16 x 28cm.
4 Spread with jam, leaving a 1cm border along the short edge furthest from you and along the two long edges. Spreading the jam thickly close to you and more sparingly near the far edge that will be the seam makes it easier to roll. Dampen the borders with water.
5 Roll up loosely, pressing the open ends together as you go to stop spillage.
6 Place the poly, seam-side down, on a piece of baking paper. Make a pleated join along the top of the paper to allow for expansion, then twist the ends closed. Bake at 190°C for about 40 minutes, until the jam bubbles out. Open the parcel in the last 10 minutes to brown the crust.
7 Eat while hot with plenty of custard.

Column 2

イギリス
一般家庭での紅茶

毎回レッスンでは、お菓子が焼き上がるのを待つ間、デモンストレーションで作ったお菓子を生徒さんと一緒に食べるティータイムがあります。モンクレを始めた時には何の説明もせず紅茶をいれていたのですが、そのやり方を見た生徒さんから、「斬新！ 気軽だけど、おいしい」の声をいただきました。紅茶の学校で教える方法ではないかもしれませんが、イギリスの一般家庭で毎日何回もやっている本当のいれ方です。

まずティーポットは使わないでしょう。あれば素敵。もちろん使っても結構ですが、ある調査によるとイギリスでは16％の人しか使わないので、モンクレでは家庭と同じようにマグカップに直接紅茶をいれます。

次は紅茶選びです。イギリス人は茶葉の品種ではなく、商品名やブランドで選ぶことが多い。イギリスにはたくさん紅茶のブランドがありますが、一番大きい23％のシェアをもつのは「ピージーティップス（PG Tips）」。このブランドはどんな茶葉を用いているのか、イギリス人は考えたことがないでしょうが、ケニヤ、スリランカとインドの茶葉のブレンドになります。

実は「テトリー（Tetley）」「ヨークシャー（Yorkshire）」「タイフー（Typhoo）」など他の一般的な紅茶ブランドも、ほとんどがこの3つの茶葉のブレンドになりますので、飲み比べをすると共通点が非常に多いことがわかります！ 最初に飲み比べてみた時にはびっくりしましたが、考えてみるとイギリス人の好みが決まっているということだと思いました。PG Tipsのような一般的な紅茶の特徴は、すぐに濃く出ることと、牛乳を入れても負けない紅茶の風味ですね。

マグカップにティーバッグを入れたら、沸騰したての湯を注ぎます。私は茶葉を少量の湯で濡らしてから残りを注ぐのが好き。ティースプーンで少し混ぜて2〜3分おきますが、イギリス人はタイマーを使わず、感覚と紅茶の色で判断するのが一般的です。

さらにミルクの入れ方。私と主人は順番が違いますが、私はミルクを先に入れてからティーバッグを取り出します。なぜかというと、万が一薄い紅茶の場合に調整ができるから。

牛乳は大切だと思います。まずイギリス人の70％以上は、ミルク入りで紅茶を飲んでいるので、そもそも「ミルクティー」という言葉はないのです。ストレートで飲みたい時は「black tea please!」で注文したほうがいいでしょう。

そしてイギリスでほとんどの牛乳は「低温殺菌牛乳」なので、イギリス一般家庭に近い味わいを楽しみたいなら非常におすすめです。日本の牛乳パックはパッケージに何℃で何分殺菌したかという殺菌方法を明記しているのでとても便利です。日本の一般的な牛乳は130℃で数秒殺菌していますが、低温殺菌では66℃前後で30分くらいかけてゆっくり殺菌しているので、とてもクリーミーな味。イギリスの牛乳に近いです。そのことがわかってから、日本での私の紅茶人生が変わりました！

最後に、家庭ではわざわざアフタヌーンティーまではしないのですが、何かのおやつ、ビスケットでもいいし、あればケーキを少しだけでも、ぜひ紅茶と一緒に、どうぞ！

3

Biscuit
Recipes

ビスケットのレシピ

ティータイムの定番ビスケットは、
イギリス人が愛してやまない
ショートブレッドのほか、
ブランデースナップやフラップジャックなど
バリエーションが豊富で楽しいです。

ショートブレッドペチコートテール
Shortbread Petticoat Tails

「ショート（short）」とは、
ホロホロとした食感という意味。
円状の生地の縁に飾りをつけて放射状に切る
ペチコートテールは伝統的なもので、
下着の「ペチコート（petticoat）」に似ているため、
このユニークな名前になりました。
簡単に作れるクラシックなショートブレッドは、
ミルクティーにぴったり！

crimp!

- 予熱：140℃、作り始める前に
- 個数：8個
- 型：直径15cmのセルクル型、
  直径3cmの丸い抜き型（真ん中の穴用）
- メソッド：1〜2＝クリーミング（p.138参照）
- 保存：冷蔵で14日程度、冷凍で3ヶ月

- Preheat : 140°C
- Quantity : 8
- Equipment : 15cm cake ring,
  3cm round cutter (for the centre hole)
- Store : up to 14 days in the fridge or 3 months
  in the freezer

❋ 材料

バター（食塩不使用／低めの常温）…100g

塩…2g

グラニュー糖（微粒子）…50g

強力粉…130g

米粉（粗挽き）…20g

＊米をブレンダーやフードプロセッサーで挽いてもいい

仕上げ用：

グラニュー糖（微粒子）…適量

❋ 作り方

1 ボウルにバターと塩を入れ、木のスプーン（またはゴムベラ）でやわらかくなるまで混ぜる。

2 グラニュー糖を加え、ペースト状になるまで混ぜる。

3 強力粉と米粉を合わせてふるい入れ、ポロポロの生地になるまで混ぜる。

4 ベーキングペーパーの上に15cmのセルクル型を置いて生地を詰め、指先で全体がまとまるまでよく押す。型を外し、縁にフリル形の模様をつける（PH）。

5 放射状に4本の切り目を入れ、真ん中を3cmの抜き型で丸く抜き、竹串で空気穴を数か所あける。ベーキングペーパーごと天板にのせ、140℃で約50分、うっすらキツネ色になるまで焼く。焼き色をつけすぎないこと。

6 天板にのせたまま粗熱を取り、切れ目に沿って切り、グラニュー糖をふる。網にのせて冷ます。

Ingredients

100g butter (unsalted, room temperature)

2g salt

50g caster sugar

130g bread flour

20g coarsely ground rice
(you can grind in a blender/food processor)

To finish:

Caster sugar

Method

1 With a wooden spoon (or spatula), beat the butter and salt until soft.

2 Add caster sugar and continue to beat to make a paste.

3 Sift the flour and ground rice over the batter and mix to form a clumpy, crumbly mixture.

4 Transfer to a 15cm cake ring placed on baking paper and pack it down firmly using your fingers or a spoon. Remove the ring and crimp the shortbread. (Photo)

5 Cut into eight wedges, cut out a hole from the centre, and prick the wedges with a skewer. Bake for about 50 minutes at 140°C, taking care it doesn't brown too quickly.

6 Cut the wedges loose from each other while still hot on the oven tray, sprinkle with caster sugar and cool on a wire rack.

ミリオネアショートブレッド
Millionaire's Shortbread

tease
back and
forth

スコットランド名物のショートブレッドは
十分リッチ（濃厚、そしてお金持ちと二重の含意あり）でおいしく、
その上に濃厚なトフィーやチョコレートをのせると、なんとも贅沢になります。
そこで「ミリオネア（millionaire）」＝億万長者という名前がつけられました！

- 予熱：160℃、作り始める前に（天板も一緒に）
- 個数：9個
- 型：18×18cmの角型、
  　　　ベーキングペーパーを敷く
- メソッド：1〜2＝クリーミング（p.138参照）
- 保存：冷蔵で7日程度、冷凍で3ヶ月

- Preheat : 160°C (preheat the baking tray too)
- Quantity : 9
- Equipment : 18cm square cake tin,
  　　　lined with baking paper
- Store : up to 7 days in the fridge or 3 months
  　　　in the freezer

❀ 材料

バター（食塩不使用／低めの常温）
　…150g
塩…2g
グラニュー糖（微粒子）…75g
強力粉…150g
セモリナ粉（細挽き）…75g

トフィー：
練乳…180g
ゴールデンシロップ…55g
グラニュー糖（微粒子）…80g
バター（食塩不使用／常温）…80g
塩…1.5g

飾り用：
コーティングチョコレート…90g
ホワイトチョコレート…10g

Ingredients

150g butter (unsalted, cool room temperature)
2g salt
75g caster sugar
150g bread flour
75g semolina (fine)
Toffee:
180g condensed milk
55g golden syrup
80g caster sugar
80g butter (unsalted, room temperature)
1.5g salt
Decoration:
90g coating chocolate
10g white chocolate

❀ 作り方

1　ボウルにバターと塩を入れ、木のスプーン（またはゴムベラ）でやわらかくなるまで混ぜる。

2　グラニュー糖を加え、ペースト状になるまで混ぜる。

3　強力粉とセモリナ粉を合わせてふるい入れ、ポロポロの生地になるまで混ぜる。

4　型に生地を詰め、表面を平らにし、160℃で30〜40分焼く。

5　トフィーを作る。鍋に練乳、ゴールデンシロップ、グラニュー糖を入れて中火にかけ、ブクブクと沸いてきたら中弱火にし、焦げないように鍋の底と角をゴムベラで常に混ぜながら108〜110℃になるまで加熱する。火を止め、バターと塩を加えてよく混ぜたら、中弱火に戻し、混ぜながら112〜114℃になるまで加熱する。この最後の温度が硬さを決める。

6　生地の表面にトフィーを流し入れ、冷蔵室で約20分冷やす。冷やしすぎないように注意。

7　飾り用のチョコレートは、それぞれ湯せん（または電子レンジ）で溶かす。表面に溶かしたコーティングチョコレートを流し、型を傾けて全面に広げる。さらに溶かしたホワイトチョコレートで線を描き、竹串を上下に動かして矢羽根模様にする（PH）。

8　冷蔵室で冷やし固め、型から外してベーキングペーパーを取り、6×6cmに切る。

Method

1　With a wooden spoon (or spatula), beat the butter and salt until soft.

2　Add caster sugar and continue to beat to make a paste.

3　Sift the flour and semolina over the batter and mix to form a clumpy, crumbly mixture.

4　Press firmly into the base of the tin and bake at 160°C for 30-40 minutes.

5　Make the toffee: heat the condensed milk, golden syrup and caster sugar in a saucepan, stirring constantly. Be sure to scrape the base and corners of the pan to avoid burning, and boil on medium-low heat to 108-110°C. Remove from heat, mix in the butter and salt thoroughly. Return to the heat, stirring to 112-114°C. Hotter = firmer toffee.

6　Pour the toffee on top of the shortbread and chill for 20 minutes.

7　For the decoration, melt the coating chocolate and white chocolate separately over a bain-marie or in a microwave. Pour the coating chocolate onto the toffee layer and tilt to spread. Pipe lines of white chocolate and tease back and forth with a skewer to feather. (Photo)

8　Chill to set, remove from the tin and cut into nine 6cm squares.

ブランデースナップ

Brandy Snaps

サクサクの、レトロなお菓子、ブランデースナップは作り方が楽しく、
ホームパーティーで出したら盛り上がりそう!
ブランデーを香りのアクセントに加えていますが、名前の由来にお酒の「ブランデー(brandy)」は
関係なく、「焼く(brand)」という意味の言葉が基になっています。
そのままでもおいしいですが、生クリームなどを絞るのも素敵!

- 予熱:170℃、作り始める前に
- 個数:24本
- メソッド:1=溶かし(p.139参照)
- 保存:生クリームを絞る前なら、密閉して冷暗所で5日程度

- Preheat:170℃
- Quantity:24
- Store:unfilled in an airtight container for up to 5 days

✥ 材料

ゴールデンシロップ…100g
バター(食塩不使用／常温)…100g
グラニュー糖(微粒子)…100g
中力粉…100g
ジンジャーパウダー…4g
塩…1g
ブランデー…10g
レモン果汁…10g

Ingredients

100g golden syrup
100g butter
(unsalted, room temperature)
100g caster sugar
100g medium flour
4g ginger powder
1g salt
10g brandy
10g lemon juice

✥ 作り方

1 鍋にゴールデンシロップ、バターとグラニュー糖を入れ、沸騰しないように弱火にかけ、ゴムベラで混ぜながらゆっくり溶かす。

2 粗熱が取れたら、中力粉、ジンジャーパウダーと塩を合わせてふるい入れ、なめらかなペースト状になるまで混ぜる。

3 ブランデーとレモン果汁を加えて混ぜる。

4 天板にベーキングペーパーを敷き、生地を小さじ山盛り1杯分ずつ置く。ひとつが約10cmに広がるのでなるべく離して並べ、170℃で8〜10分、レースのように薄く伸び、キツネ色になるまで焼く。

5 オーブンから出して天板にのせたまま約1分待ち、熱い生地を木のスプーンの柄でふんわり巻き、網にのせて冷ます。くれぐれも火傷に気をつけて。生地が熱すぎると破けてしまい、冷たすぎると巻けないので少量ずつ焼いたほうがラク。

6 そのまま食べてもいいし、無糖のホイップした生クリームを絞り入れてもいい。その場合、生クリームを絞ってから1時間以内、生地がやわらかくなる前に食べるのがおすすめ。

Method

1 Gently melt the golden syrup, butter and sugar in a saucepan while stirring.

2 Cool slightly then add flour, ginger and salt, and mix to a smooth paste.

3 Mix in the brandy and lemon juice.

4 Place heaped teaspoonfuls of mixture onto a baking paper-lined tray, spaced far apart, as they will spread to about 10cm in diameter. Bake at 170°C for 8-10 minutes, until they are lacey and golden brown.

5 After one minute, carefully pick up the snap and mould it loosely around the handle of a wooden spoon. Too soon and the snap will be too fragile and tear, too late and it will be too stiff to bend, so it's best to bake just a few at a time.

6 Eat as they are or fill with cream. If filled, eat within an hour or they will go soft.

グーズナーケーキ
Goosnargh Cakes

イングランド北部にある
プレストン市に古くから伝わる
歴史的なショートブレッド。
キャラウェイシードと
コリアンダーパウダーが入った特別な味わいです。
ホロホロとした絶妙な食感がたまりません。

- 予熱：140℃、作り始める前に
- 個数：8枚
- 型：直径7.5cm の丸い抜き型
- メソッド：1〜3＝クリーミング（p.138参照）
- 保存：冷蔵で14日程度、冷凍で3ヶ月

- Preheat : 140℃
- Quantity : 8
- Equipment : 7.5cm round cutter
- Store : up to 14 days in the fridge,
  3 months in the freezer

❀ 材料

バター（食塩不使用／低めの常温）…125g
塩…2g
グラニュー糖（微粒子）…25g
中力粉…160g
コリアンダーパウダー…2g
キャラウェイシード…1.5g

仕上げ用：
キャラウェイシード…適量
グラニュー糖（微粒子）…適量

Ingredients

125g butter (unsalted, cool room temperature)
2g salt
25g caster sugar
160g medium flour
2g coriander powder
1.5g caraway seeds
To finish:
Caraway seeds
Caster sugar

❀ 作り方

1 ボウルにバターと塩を入れ、木のスプーン（またはゴムベラ）でやわらかくなるまで混ぜる。
2 グラニュー糖を加え、ペースト状になるまで混ぜる。
3 中力粉とコリアンダーパウダーを合わせてふるい入れ、キャラウェイシードも加えて混ぜる。
4 打ち粉をした台に取り出し、手で厚さ7mmに伸ばす。抜き型で丸く抜き、ベーキングペーパーを敷いた天板に並べる。
5 表面にキャラウェイシードをのせ、たっぷりとグラニュー糖をふり、140℃で約30分、縁がうっすらキツネ色になるまで焼く。
6 網にのせて冷ます。

Method

1 With a wooden spoon (or spatula), beat the butter and salt until soft.
2 Add caster sugar and continue to beat to make a paste.
3 Sift the flour and coriander powder over the batter, add the caraway seeds, and mix to form a dough.
4 Roll to about 7mm thick on a floured counter and cut out 8 rounds. Arrange on a baking paper-lined tray.
5 Sprinkle more seeds and plenty of caster sugar on top of each biscuit. Bake at 140℃ for about 30 minutes, until the edges have started to brown lightly.
6 Transfer to a wire rack to cool before eating.

フラップジャック
Flapjacks

押し麦、オートミール＆ヘーゼルナッツなどが
たっぷり入り、サクサクした
グラノーラバーのようなおやつ。
ナッツ、チョコチップ、ドライフルーツなどの
アレンジもでき、とても簡単なので
お子さまと一緒にも作れます。

- 予熱：170℃、作り始める前に
- 個数：12枚
- 型：20×25cmのロールケーキ型、ベーキングペーパーを敷く
- メソッド：1＝溶かし (p.139参照)
- 保存：冷蔵で7日程度、冷凍で3ヶ月

- Preheat : 170℃
- Quantity : 12
- Equipment : 20 x 25cm Swiss roll tray,
              lined with baking paper
- Store : 7 days in the fridge or
          3 months in the freezer

❀ 材料

ゴールデンシロップ…80g
バター(食塩不使用／常温)
　…150g
きび砂糖…80g
塩…2g

オートミール(粒小さめ)…145g
押し麦(ホールオーツ／粒大きめ)…100g
ヘーゼルナッツ…40g
　(ドライフルーツやチョコチップなどもおいしい)

❀ 下準備

・ヘーゼルナッツは170℃で約5分ローストし、
　皮を落とし、粗く刻む。

❀ 作り方

1　鍋にゴールデンシロップ、バター、きび砂糖、塩を入れ、沸騰
　しないよう弱火にかけ、ゴムベラで混ぜながらゆっくり溶かす。

2　粗熱が取れたら、オートミール、押し麦、ヘーゼルナッツを加
　えてよく混ぜる。

3　型に生地を入れ、ゴムベラでよく押しながら敷き詰める。

4　ザクザクの食感にしたい場合は170℃で約30分、少しソフト
　にしたい場合は160℃で約25分焼く。

5　型ごと網にのせて粗熱を取り、型に入れたまま4×10cmに切
　る。完全に冷めたら、型から外してベーキングペーパーを取る。

Ingredients

80g golden syrup
150g butter (unsalted, room temperature)
80g brown sugar
2g salt
145g medium oatmeal
100g whole oats
40g hazelnuts
(dried fruits and chocolate chips are also nice)

Preparation

- Roast hazelnuts for 5 minutes at 170℃,
remove skins and roughly chop.

Method

1　Gently melt the golden syrup, butter, brown
   sugar and salt in a saucepan while stirring.

2　Cool slightly then mix in the oats and nuts,
   stirring well.

3　Pour into your prepared tin and pack down
   firmly using a spatula.

4　For crisp flapjacks bake at 170℃ for about 30
   minutes, and for a chewier result bake at 160℃
   for 25 minutes.

5　When still warm but firm to the touch, cut into
   twelve roughly 4cm x 10cm bars while they are
   still in the tin. Remove when completely cool.

ジンジャーブレッドマン
Gingerbread Men

ジンジャーブレッドは何の形で作っても構いませんが、不思議なことに、
ジンジャーブレッドマンの抜き型で焼くと、より楽しく食べられておいしさもアップ。
今回はシンプルな基本レシピを紹介しますが、
好みでスパイスの量を増やしたり、ステムジンジャー（p.81参照）を加えたり。
また唐辛子や胡椒を追加すると、とても辛口な大人向きの味に。
いろいろとアレンジしてみてください！

- 予熱：170℃、作り始める前に
- 個数：大きめ6枚
- 型：好みの人形の抜き型、
　　　イギリス定番サイズは約12cmと大きめ
- メソッド：1＝溶かし（p.139参照）
- 保存：冷蔵で7日程度、冷凍で3ヶ月

- Preheat：170°C
- Quantity：6 large biscuits
- Equipment：your preferred gingerbread cutter,
　　　　in the U.K. 12cm large biscuits are common
- Store：up to 7 days in the fridge or 3 months
　　　in the freezer

❋ 材料

ゴールデンシロップ…40g

バター（食塩不使用／常温）…60g

きび砂糖…80g

塩…0.5g

卵…27g

中力粉…175g

重曹…4g

《スパイス類》

ジンジャーパウダー…5g

シナモンパウダー…2g

アイシング：

粉糖…80g

湯…12g

❋ 下準備

・アイシングの粉糖と湯はよく混ぜて、絞り袋に移し入れる。

❋ 作り方

1　鍋にゴールデンシロップ、バター、きび砂糖、塩を入れ、沸騰しないように弱火にかけ、ゴムベラで混ぜながらゆっくり溶かす。

2　粗熱が取れたら、卵を加えてよく混ぜる。

3　中力粉、重曹、スパイス類を合わせてふるい入れ、やわらかい生地になるまで混ぜる。使う前に冷やしておく。

4　打ち粉をした台に取り出し、めん棒で厚さ5mmに伸ばす。抜き型で抜き、ベーキングペーパーを敷いた天板に並べる。ベタついて伸ばしにくい場合は、生地を冷蔵室で冷やしながら作業する。

5　170℃で約10分、縁に色がつくまで焼く。形をくっきりさせたい場合は、抜いてから約30分冷やすといい。

6　網にのせて冷まし、完全に冷めたら、アイシングを絞って飾る。

Ingredients

40g golden syrup

60g butter
(unsalted, room temperature)

80g brown sugar

0.5g salt

27g eggs

175g medium flour

4g bicarbonate of soda

Spices:

5g ginger powder

2g cinnamon

Icing:

80g icing sugar

12g hot water

Preparation

• Mix the hot water and icing sugar for the icing, and transfer to a piping bag.

Method

1　Gently melt the golden syrup, butter, brown sugar and salt in a saucepan while stirring.

2　Cool slightly then mix in the eggs.

3　Sift the flour, bicarbonate of soda, and spices over the batter and mix well to form a soft dough. Chill before using.

4　Roll out on a floured counter to about 5mm thick, cut out and arrange on a baking paper-lined tray.

5　Bake at 170°C for about 10 minutes, until the edges brown – chill before baking for 30 minutes to reduce spreading.

6　Cool on a wire rack, and decorate with icing when completely cool.

| Memo | **ジンジャーブレッドマンの楽しみ方**
Options |

目とボタンをカレンズで作ると伝統的。M&M's など別の小さなスイーツをつけるとモダンな印象。クッキーの手足は溶かしたチョコレートにディップするか、チェダーチーズと一緒に食べると、新しい味わいを楽しめる。

Use currants for the eyes and buttons for a traditional look, or use icing to stick on small sweets for a modern look. Dip the gingerbread man's hands and feet in melted chocolate, or serve with cheddar cheese for a special taste sensation!

Column 3

ブラムリー
アップルの大切さ

　1809年、イギリス中部ノッティンガムシャー州の南の町「サウスウェル（Southwell）」に住むメアリー アン ブレイズフォード（Mary Ann Brailsford）という女の子が、遊びで庭の鉢にりんごの種を蒔きました。それから200年以上の年月が過ぎ、その種から成長した特別なりんご「ブラムリーアップル」は、現在では8万トン以上栽培されるようになり、イギリスで最も重要な料理用りんごとなりました。

　ブラムリーが発見されたのは、メアリー アンが種を蒔いてから約50年後のこと。その頃には、彼女が住んでいたコテージは隣人の肉屋さんのものになっていました。ある日、当時17歳だったりんご専門の庭師ヘンリー メリーウェザー（Henry Merryweather）は、ちょっと不思議な見た目の立派な青りんごを教会に行く途中の男性が持つカゴの中に見つけ、とても興味をもちました。

　聞いてみたところ、サウスウェルにある木で採れたことを教えてもらい、「接ぎ木をしたい」とお肉屋さんに相談しました。「私の名前をつけてくれるなら、あげてもいいよ」とOKをもらい、そのお肉屋さんの名前がマシュー ブラムリー（Matthew Bramley）でした。ヘンリーはその後栽培に成功し、英国王立園芸協会の品評会などで受賞するまでとなり、ヴィクトリア朝の時代に人気を博しました。

　イギリスには、生食用の「デザートアップル」と料理用の「クッキングアップル」の区別が昔からあります。生で食べるものは一人でも食べきれる小ぶりなもので皮ごと食べ、甘さと酸味も少しあるのが人気です。料理用はとても酸っぱくて生で食べる習慣はなく、多くは皮をむいて煮崩して使います。ローストポークなど肉料理のソース、<u>クリスマスミンスパイのミンスミート</u>のベースとして、また<u>お母さんのアップルパイ</u>や<u>アップルクランブル</u>、<u>イブスプディング</u>といった

お菓子にも定番のりんごです。

　ブラムリーは紅玉よりも酸味が強く、加熱すると「アップルフラッフ（apple fluff）」と呼ばれるジューシーでふわふわのピューレ状になる特徴があります。アメリカやオランダスタイルのシャキシャキした食感とは異なるため、イギリスの本格的なアップルパイは甘酸っぱくジューシーで、たっぷりの温かいカスタードソースやバニラアイスとよく合います。

　ブラムリーの酸味とまろやかでクリーミーな乳製品との相性のよさを一度知ってしまったら、他のスタイルのアップルパイがもの足りなく感じてしまうほど危険なおいしさです。

　非常にうれしいことに、日本にもブラムリーを作っている農家さんがいらっしゃいます！　長野県小布施町出身のりんご農家荒井豊さんは、イギリスで食べたアップルパイの斬新なおいしさにびっくりされたそう。王立園芸協会日本支部の協力を得て、日本でも栽培できるようになりました。現在、長野県の小布施町や飯綱町をはじめ、岩手県と北海道のブラムリーも、個人でもオンラインで注文ができるようになりました。日本のテレビ番組でも注目され、百貨店で開催された英国展のテーマになったこともあります。

　イギリスのブラムリーアップルは、これからどんどん人気が上がるでしょう！

Nice!!

4

Bramley Apple Recipes

ブラムリーアップルのレシピ

イギリスには、生食用のりんごとは別に、
料理用の、パンチのある酸味が特徴の
ブラムリーアップルがあります。
加熱するとジューシーなピューレ状になるので、
イギリスではさまざまな料理やお菓子に
使われています。

お母さんのアップルパイ
Mum's Apple Pie

折り込み層の生地でなくても、十分サクサクのスイートショートクラストパイ生地に、
甘酸っぱくてジューシーなフィリングを詰め込んだ英国流アップルパイ。
常温のままでも温めても、どちらでもおいしく、
イギリスらしくホイップしていない生クリームをかけるか、
アイスクリームや温かいカスタードソースと一緒に、どうぞ!

- 予熱：200℃、4の後に（天板も一緒に）
- 個数：1台
- 型：直径18cmのパイ皿
- メソッド：1＝すり合わせ（p.137参照）
  5、7＝生地の伸ばし方（p.139参照）
- 保存：冷蔵で3日程度、冷凍で3ヶ月

- Preheat : 200°C around step 4
  (preheat the baking tray too)
- Quantity : 1
- Equipment : 18cm pie dish
- Store : up to 3 days in the fridge or 3 months
  in the freezer

❀ 材料

スイートショートクラストパイ生地：
中力粉…200g
塩…2g
バター（食塩不使用／冷えて硬い／角切り）
  …100g
グラニュー糖（微粒子）…30g
卵…28g
冷水…20g

フィリング：
ブラムリーアップルの
  ピューレ（p.136参照）…300g
＊シャキシャキとした食感が欲しい場合、
ピューレ1/3量（100g）を生のりんご
（ブラムリーアップルや別の品種）の
角切りに替える
仕上げ用：
牛乳…適量
グラニュー糖（微粒子）…適量

Ingredients

Sweet shortcrust pastry :
200g medium flour
2g salt
100g butter (unsalted, chilled, diced)
30g caster sugar
28g eggs
20g chilled water
Filling:
300g Bramley apple pureé (p.136)
* For a filling with more texture,
swap 1/3 (100g) of purée for cubes of apple
(Bramley or otherwise)
To finish:
Milk
Caster sugar

❀ 作り方

1 ボウルに中力粉と塩を入れ、手で混ぜる。バターを加え、指先ですり合わせ、さらさらと砂っぽい状態にする。

2 グラニュー糖を加えて混ぜる。

3 卵と冷水を様子を見ながら加え、ディナーナイフ（またはゴムベラ）で軽く混ぜる。ナイフの平らな部分で、しっとりしている生地を乾いた生地に押し込むようにする。

4 打ち粉をした台に取り出し、手でまとめながら軽くこね、片方が少し多めになるようにふたつに分ける。ラップに包んで冷蔵室で約30分寝かせる。

5 多めに分けた生地をパイ皿より3cm大きく伸ばす。

6 パイ皿に敷き詰め、型からはみ出た生地は切らずにそのままにして、ブラムリーアップルのピューレを入れる。

7 もうひとつの生地をフタになる大きさに伸ばす。

8 パイ皿の生地の縁を牛乳で軽く濡らし、フタの生地をかぶせる。上下の生地が重なる縁を押し合わせ、はみ出た生地をディナーナイフで切り落とし、縁に波形の模様をつける（PH参照）。好みで飾りもする。

9 表面に牛乳を塗ってグラニュー糖をふり、ディナーナイフで空気穴を数か所あける。190℃に下げて30〜40分焼く。

10 パイ皿ごと網にのせて冷ます。すぐに食べる場合は最低でも約15分は待つ。

Method

1 Mix the flour and salt together with your hand in a large bowl. Add the butter and rub it in until the mixture resembles fine sand.

2 Mix in the sugar.

3 Beat the egg with the water, and with a cutlery knife (or spatula), using the flat part of the blade to press the wet parts of the dough into the dry, add enough of the liquid as needed to form a dough.

4 Knead briefly on a lightly floured counter, split into two pieces, one slightly bigger than the other. Wrap and chill for 30 minutes.

5 Roll out the larger pastry to a circle about 3cm bigger than your pie dish.

6 Transfer the pastry to the dish, don't trim the overhang, and fill with apple purée.

7 Roll the smaller pastry big enough to make the lid.

8 Brush the overhanging pastry with milk and place on the lid. Press firmly to seal, trim edges, crimp and decorate (photo).

9 Brush the top with milk, sprinkle with sugar and cut air vents. Reduce temperature to 190C and bake for 30-40 minutes.

10 Place the pie dish on a wire rack to cool for at least 15 minutes before serving.

\crimp!

アップルクランブル
Apple Crumble

作り方はびっくりするほどシンプル！
ブラムリーアップルの甘酸っぱさが魅力ですが、
ブラックベリーやグーズベリーなど他の果物を加えてもよく、
アレンジも楽しいレシピです。
アツアツがおいしいので、寒い冬に楽しみたいおやつ。

- 予熱：180℃、作り始める前に
- 個数：1台
- 型：容量500mℓの耐熱皿
- メソッド：1＝すり合わせ（p.137参照）
- 保存：冷蔵で3日程度、冷凍で3ヶ月

- Preheat : 180°C
- Quantity : 1
- Equipment : 500ml heatproof dish
- Store : up to 3 days in the fridge or 3 months in the freezer

❀材料

クランブル：

中力粉…80g

塩…0.5g

バター(食塩不使用／常温／角切り)
…40g

グラニュー糖(微粒子)…40g

好みでオートミール、ナッツ
…各10 ～ 40g

フィリング：

ブラムリーアップルのピューレ
（p.136参照）…200g

＊シャキシャキとした食感が欲しい場合、
ピューレ1/3量（約70g）を生のりんご
（ブラムリーアップルか別の品種）の
角切りに替える

＊他の果物を加える場合、ピューレ1/3量
（約70g）をブラックベリー、レーズン、
グーズベリーなどに替える

❀作り方

1 ボウルに中力粉と塩を入れ、手で混ぜる。バターを加え、指先です
り合わせ、さらさらと砂っぽい状態にする。

2 グラニュー糖を加えて混ぜる。好みでオートミールやナッツを加え
てもいい。

3 耐熱皿にブラムリーアップルのピューレを入れ、クランブルをまん
べんなくのせ、180℃で25 ～ 30分、表面がキツネ色になって中身
が軽くブクブクするまで焼く。

4 食べる時は、大きなスプーンで器に取り分ける。熱いうちにアイス
クリーム、ホイップしていない生クリームやカスタードと一緒に食
べるのがおすすめ。冷めたら160℃で約10分温め直すといい。

Ingredients

Crumble topping:

80g medium flour

0.5g salt

40g butter (unsalted, room temperature, diced)

40g caster sugar

Optional extras: 10-40g oats, nuts etc.

Filling:

200g Bramley apple purée (p.136)

* For a filling with more texture, swap 1/3 (70g) of purée for cubes of apple (Bramley or otherwise).
* Other fruits are nice too, swap 1/3 (70g) of purée for blackberries, raisins or gooseberries.

Method

1 Mix the flour and salt together with your hand in a large bowl. Add the butter and rub it in, unti the mixture resembles fine sand.

2 Mix in the sugar and any of the other optional crumble toppings.

3 Pour the apple filling into your dish and sprinkle the crumble on top. Bake at 180°C for about 25-30 minutes, until the top has browned and the filling bubbles.

4 To serve, scoop out portions with a large spoon, and eat with ice cream, pouring cream or hot custard. Reheat at 160°C for about 10 minutes.

アップル＆ハニーローフケーキ
Apple & Honey Loaf Cake

アイリッシュアップルケーキ
Irish Apple Cake

アップル＆ハニー ローフケーキ
Apple & Honey Loaf Cake

生クリームときび砂糖、はちみつ、
バニラが奏でるキャラメルのような甘い味と、
りんごならではの酸味が魅力のブラムリーアップルが
素敵にマッチしたお菓子です。
ケーキ生地にしみ込んだブラムリーアップルの
ジュースがとてもおいしく、しっとり。紅茶との相性が抜群です。

- 予熱：160℃、作り始める前に
- 個数：1本
- 型：容量450mlのパウンド（ローフ）型1台、
  ベーキングペーパーを敷く
- メソッド：1＝溶かし（p.139参照）
- 保存：冷蔵で5日程度、冷凍で3ヶ月

- Preheat : 160℃
- Quantity : 1
- Equipment : 450ml (1 pound) loaf tin,
  lined with baking paper
- Store : up to 5 days in the fridge or 3 months
  in the freezer

❀ 材料
はちみつ…15g
バター（食塩不使用／常温）…85g
きび砂糖…85g
塩…1g
生クリーム（脂肪分42%）…50g
卵…55g
バニラオイル…2g
中力粉…125g
ベーキングパウダー…6g
ブラムリーアップル…200g（皮をむく前の量）
好みでグレーズ：
ブランデー、はちみつ…各適量（同量）

❀ 下準備
・ブラムリーアップルは皮をむき、幅3mmに切る。
・鍋にブランデーとはちみつを入れて温め、グレーズを作る。

❀ 作り方
1 鍋にはちみつ、バター、きび砂糖、塩を入れ、沸騰しないように弱
  火にかけ、ゴムベラで混ぜながらゆっくり溶かす。
2 粗熱が取れたら、生クリームを加えてよく混ぜる。
3 卵とバニラオイルを合わせて加え、よく混ぜる。
4 中力粉とベーキングパウダーを合わせてふるい入れ、かたまりがな
  くなるまで混ぜる。
5 型に生地の1/3量を流し入れ、ブラムリーアップルの1/3量を並べ
  る。この工程をさらに2回繰り返し、最後のブラムリーアップルは
  飾りとしてきれいに並べる。160℃で約45分焼く。竹串を刺して生
  の生地がつかなければ焼き上がり。
6 好みでグレーズをハケで表面に塗ってもいい。網にのせて冷ます。
  完全に冷めてから切り分ける。

Ingredients
15g honey
85g butter (unsalted, room temperature)
85g brown sugar
1g salt
50g cream (42% fat)
55g eggs
2g vanilla oil
125g medium flour
6g baking powder
200g Bramley apples (unpeeled weight)
Optional glaze:
equal amounts of brandy and honey

Preparation
- Peel apples and cut into 3mm slices.
- Heat the brandy and honey to make the glaze.

Method
1 Gently melt the honey, butter, brown sugar and
  salt while stirring with a spatula.
2 When cooled somewhat, stir in the cream.
3 Add the egg and vanilla oil, and mix well.
4 Combine the flour and baking powder, sift onto
  the batter and mix until no lumps remain.
5 Pour 1/3 of the mixture into the base of your
  tin, cover with 1/3 of the apple slices.
  Repeat this twice, arranging the final apple slices
  in a decorative pattern. Bake at 160℃ for about
  45 minutes, until a skewer comes out clean.
6 Place the tin on a wire rack. Brush with glaze if
  using, and cut the cake once cooled.

アイリッシュ
アップルケーキ
Irish Apple Cake

多くのブラムリーアップルは、
アーマー州などの北アイルランドで栽培されています。
表面がデコボコした、素朴でチャーミングな見た目のケーキですが、
中身はシナモン、きび砂糖とブラムリーアップルが
濃厚でおいしい層になっています。
作り方もおもしろい！ ティータイムにぴったりです。

- 予熱：180℃、工程4の後に（天板も一緒に）
- 個数：1台
- 型：直径15cmの深い丸型、25cmの円型に切った
　　　ベーキングペーパーを底と側面に敷く
- メソッド：1＝すり合わせ（p.137参照）
- 保存：冷蔵で5日程度、冷凍で3ヶ月

- Preheat : 180°C around step 4
　　　　　　(preheat the baking tray too)
- Quantity : 1
- Equipment : 15cm cake tin (round, deep),
　　　　　　　lined with a 25cm circle of baking paper
- Store : up to 5 days in the fridge or 3 months in the freezer

❀ 材料

薄力粉…175g
ベーキングパウダー…7g
塩…1.5g
バター（食塩不使用／常温／角切り）…80g
グラニュー糖（微粒子）…80g
卵…35g
バニラオイル…3g
牛乳…35g

ブラムリーアップル…180g
　（皮をむく前の量）
きび砂糖…25g
シナモンパウダー…2g
仕上げ用：
卵…適量
グラニュー糖（微粒子）…適量

❀ 下準備

・ブラムリーアップルは皮をむき、幅5mmに切る。

❀ 作り方

1　ボウルに薄力粉、ベーキングパウダーと塩を入れ、手で混ぜる。バターを加え、指先ですり合わせ、さらさらと砂っぽい状態にする。

2　グラニュー糖を加えて混ぜる。

3　卵、バニラオイルと牛乳を合わせて加え、ディナーナイフ（またはゴムベラ）で軽く混ぜる。ナイフの平らな部分で、しっとりしている生地を乾いた生地に押し込むようにする。とてもやわらかい生地になる。

4　手に打ち粉をたっぷり使いながら、型に生地の半量を敷き詰める。

5　ブラムリーアップルの1/3量を入れ、きび砂糖とシナモンパウダーを1/3量ずつふる。この工程をさらに2回繰り返す。

6　打ち粉をした台に残りの生地を取り出し、手で直径15cmの円形に伸ばす。アップルの上にのせ、軽く押しつけながら隙間を埋める。

7　表面に卵を塗ってグラニュー糖をふり、180℃で35～40分焼く。竹串を刺して生の生地がつかなければ焼き上がり。

8　型ごと網にのせて冷まし、粗熱が取れたら、型から外してベーキングペーパーを取る。

Ingredients

175g cake flour
7g baking powder
1.5g salt
80g butter
(unsalted,
room temperature)
80g caster sugar
35g eggs
3g vanilla oil
35g milk

180g Bramley apples
(unpeeled weight)
25g brown sugar
2g cinnamon
To finish :
Beaten egg
Caster sugar

Preparation
- Peel apples and cut into 5mm slices.

Method

1　Mix the flour, baking powder and salt together with your hand in a large bowl. Add the butter and rub it in, until the mixture resembles fine sand.

2　Mix in the sugar.

3　Combine the milk, vanilla oil and eggs, stir in with a cutlery knife (or spatula), using the flat part of the blade to press the wet parts of the dough into the dry. The dough will be extremely soft.

4　Flour your hands well and press half of the dough into the base of the tin.

5　Layer about 1/3 of the apples, brown sugar and cinnamon into the tin, and repeat in that order until you've used them all up.

6　Liberally flour your work surface, and using your hands, press out the remaining dough into a 15cm 15cm circle. Place on top of the apples, tuck in the edges and patch any gaps.

7　Brush the top with beaten egg and sprinkle with caster sugar. Bake at 180°C for about 35-40 minutes, until a skewer comes out clean.

8　Place on a wire rack, and remove from the tin once cool enough to handle.

イブスプディング

Eve's Pudding

- 予熱：170℃、作り始める前に
- 個数：1台
- 型：容量500mℓの耐熱皿
- メソッド：1～4＝クリーミング（p.138参照）
- 保存：冷蔵で3日程度、冷凍で3ヶ月

- Preheat : 170℃
- Quantity : 1
- Equipment : 500ml heatproof dish
- Store : up to 3 days in the fridge or 3 months in the freezer

---

❀ 材料

バター（食塩不使用／低めの常温）…50g
グラニュー糖（微粒子）…50g
卵…45g
バニラオイル…2g
薄力粉…50g
ベーキングパウダー…2g
塩…1g

フィリング：
ブラムリーアップル…300g
　（皮をむく前の量）
＊同量のブラムリーアップルの
ピューレ（p.136参照）でも可
グラニュー糖（微粒子）…40g
好みでシナモンパウダー、
　　レーズン…各適量
ヘーゼルナッツ…15g

Ingredients

50g butter (unsalted, cool room temperature)
50g caster sugar
45g eggs
2g vanilla oil
50g cake flour
2g baking powder
1g salt
Filling :
300g Bramley apples (unpeeled weight)
* Or 300g of Bramley apple purée (p.136)
40g caster sugar
Optional extras: raisins, cinnamon etc.
15g hazelnuts

❀ 下準備

- ブラムリーアップルは皮をむき、粗く刻む。
- ヘーゼルナッツは170℃で約5分ローストし、皮を落とし、粗く刻む。

Preparation

- Peel and roughly chop the apples.
- Roast hazelnuts for 5 minutes at 170℃, remove skins and chop roughly.

❀ 作り方

1 ボウルにバターを入れ、ハンドミキサー（または木のスプーン）でやわらかくなるまで混ぜる。
2 グラニュー糖を加え、ふわふわと白っぽくなるまで混ぜる。
3 卵とバニラオイルを合わせ、少しずつ加えて混ぜる。
4 薄力粉、ベーキングパウダーと塩を合わせてふるい入れ、ゴムベラで混ぜる。
5 フィリングを作る。耐熱皿にブラムリーアップルをまんべんなく敷き、グラニュー糖をふる。好みでシナモンパウダーをふったり、レーズンをのせたりしてもいい。
6 ケーキ生地を流し入れ、ブラムリーアップルをおおうように広げて、ヘーゼルナッツをのせる。180℃で約30分焼く。竹串を刺して生の生地がつかなければ焼き上がり。
7 食べる時は、大きなスプーンで器に取り分ける。熱いうちにアイスクリームと一緒に食べるのがおすすめ。冷めてもおいしいし、160℃で約10分温め直してもいい。

Method

1 With a hand mixer or wooden spoon, beat the butter until smooth.
2 Add caster sugar and continue to beat until fluffy and lightened in colour.
3 Add the vanilla to the eggs and add to the batter a little at a time.
4 Combine the salt, baking powder and flour, sift onto the batter and fold in with a spatula.
5 Make the filling: put the chopped apples into the dish and sprinkle them with the sugar and any of the optional extras.
6 Spread the cake batter on top of the apples and sprinkle with the hazelnuts. Bake at 180℃ for about 30 minutes, until a skewer comes out clean.
7 To serve, scoop out portions with a large spoon. Best enjoyed hot with ice cream, but also nice cold. Reheat at 160℃ for about 10 minutes.

キリスト教の「アダムとイブ（Adam & Eve）」の
禁断の果実・りんごの話から、この名前になりました。
ジューシーなブラムリーアップルの上に、
ヴィクトリアスポンジケーキの生地を流し入れて焼き上げます！

Column 4

イギリスで
生まれ育った
私のストーリー

　小さい頃には英語と違う言語をしゃべるようになったり、イギリス以外の国に住むようになったりするとは想像もしていませんでしたが、日本を初めて知った日のことはよく覚えています。リビングルームで遊んでいた時のこと。テレビの前を通ると、日本のお花見の様子が映し出されていて、「素敵！　花びらが落ちてくるところでピクニックをしているのはジャパン？　どこかな？」と遊びながら思いました。この出合いが私の心に興味の種を蒔いたのだと思います。

　家の庭には、ブラムリーアップルとチェリーの木があり、りんごもチェリーも実をつけましたが、チェリーはいつも鳥に負けてあまり食べるチャンスはありませんでした。りんごのほうは思い出に残っています。日本のお花見のシーンを見た時も、チェリーの花をりんごの花だと勘違いしたほどでした！

　イングランド北西部のグレーター・マンチェスターにある私が生まれた街「ストックポート（Stockport）」には、庭にりんごの木があるのは普通でした。都市計画のおかげで裕福な家でなくても庭があり、野菜やお花を育てる家庭も多くありました。毎年秋になると収穫時期をいつにするか迷いましたが、りんごは食べきれないほどたくさん実りました。

　この料理用のりんごは、「おなかをこわしてしまうから生で食べてはだめ！」と母にいわれていましたが、食べたことを覚えています。生ではとても酸っぱくて、イギリスで普段食べるように皮ごと食べたので渋みも少しあり、ワイルドな味でした。母のいったことに納得でした。

　でもお菓子にするとおいしいのです！　冷蔵室に入りきらないりんごは早めに処理をして、家中の鍋がずっとコトコト使われているスティーミーなキッチンでした。作ったのは、シンプルな<u>アップルクランブル</u>

はもちろん、とても素朴なお母さんのアップルパイがいちばん多く、大好きでした。その頃、母は学校の給食の仕事をしていたので、ショートクラスト生地の切り落とし生地をもらうことがあり、秋まで冷凍しておきました。りんごの収穫時には、パイ皿が足らなくなり、ディナープレートも使うほどアップルパイを一度に何枚も焼き、家族でホットカスタードソースやアイスクリームと一緒にたくさん食べ、ご近所さんや親せきにもたくさん配りました。

　中学、高校に通うにつれて、日本への興味がだんだん大きくなりました。いちばん好きな授業である美術では、漢字を言葉として読まずに形としてコピーし、「きれいだなぁ」と思っていました。「日本はイギリスから遠く、イギリスとまったく違うところだろう」と考えて、「大きくなって日本に少し住んでみたら、成長するためのいい挑戦になるにちがいない！」と空想したりしていました。

　美術専攻の大学を卒業した2001年、埼玉県の学校で英語を教える仕事を見つけ、日本に来ることができました。初めての印象は、イギリスとの共通点が多いことでした！　両方とも歴史が長い島国で、言語が難しいということ。イギリス人と日本人の両方がアメリカやラテン系の国より最初は少し控えめかもしれないけれど、一度友達になったら愛情がとても強いこと。イギリス人と同じように趣味に対して真面目で静かな深いパッションももっていること。20年近く経った今も大好きで、毎日新しく勉強になることがある楽しい人生になりました。

　来日して数年後に東京に引っ越した頃、初めてイギリス品種のブラムリーアップルを北海道で見つけて注文しました。数年ぶりに甘酸っぱくジューシーなアップルパイを食べた時には、「この味だ！」ととても感動しました。そして日本でも味わいたい方がきっといらっしゃるのでは！　夢だったイギリス菓子のビジネスがもしかしたらできるかも！　と自信も感じました。

　このように考えると、りんごの木だと思ってお花見シーンをテレビで見た時から、モンクレを始めるきっかけまで、私と日本のストーリーの中にはブラムリーアップルの大きな縁があったと思います。

5

Fruit & Veg.
Recipes

果物と野菜のレシピ

ルバーブやグーズベリー（セイヨウスグリ）は、
日本でも時期になると店頭で見かけるようになったので、
手に入ったらぜひ焼いてみてください。
とてもおいしいです！
ほかにはマーマレード、ジンジャー、
バナナが登場します。

ルバーブクランブルタルト
Rhubarb Crumble Tart

ルバーブは強い酸味と美しい色彩が特徴の野菜。葉柄の部分を食します。
日本では一般的ではありませんが、イギリスではお菓子作りの材料としてよく使われ、
ピンクや赤のルバーブは特に愛されています。
お菓子に使うと甘酸っぱくて、絶妙なバランスのおいしさとなります。

- 予熱：170℃、作り始める前に
- 個数：1台
- 型：直径22cmのタルト型
- メソッド：1、8＝すり合わせ(p.137参照)
　　　　　　6＝生地の伸ばし方(p.139参照)
- 保存：冷蔵で5日程度、冷凍で3ヶ月
　　　　ルバーブの旬は夏

- Preheat : 170°C
- Quantity : 1
- Equipment : 22cm tart tin
- Store : 5 up to days in the fridge or 3 months in the freezer
  Rhubarb is available in summer in Japan

✿ 材料

スイートショートクラスト生地：

中力粉…130g
塩…1g
バター(食塩不使用／冷えて硬い／角切り)
　…70g
グラニュー糖(微粒子)…20g
卵…22g
冷水…5g
　(冬にはもう少し必要になることも)

フィリング：

ルバーブ(赤)…500g
グラニュー糖(微粒子)…90g
オレンジ果汁…1/2個分

クランブル：

中力粉…90g
塩…0.5g
バター(食塩不使用／常温／角切り)
　…45g
グラニュー糖(微粒子)…45g

✿ 下準備

・ルバーブはよく洗い、長さ2cmに切る。

✿ 作り方

1 ボウルに中力粉と塩を入れ、手で混ぜる。バターを加え、指先ですり合わせ、さらさらと砂っぽい状態にする。
2 グラニュー糖を加えて混ぜる。
3 卵と冷水を合わせて加え、ディナーナイフ（またはゴムベラ）で軽く混ぜる。ナイフの平らな部分で、しっとりしている生地を乾いた生地に押し込むようにする。手でひとまとめにする。
4 打ち粉をした台に取り出し、軽くこね、ラップに包んで冷蔵室で約30分寝かせる。
5 フィリングを作る。すべての材料を混ぜ、型に広げる。アルミ箔でフタをして、170℃で30 ～ 40分、ルバーブがやわらかくなるまで加熱する。でき上がったら水分をこす。
6 生地を厚さ2 ～ 3mmの円形に伸ばす。
7 型に敷き詰め、型からはみ出た生地を切り落とす。底部にフォークで空気穴を数か所あけ、冷蔵室で冷やす。
8 クランブルを作る。ボウルに中力粉と塩を入れ、手で混ぜる。バターを加え、指先ですり合わせ、さらさらと砂っぽい状態にする。
9 グラニュー糖を加えて混ぜる。
10 生地に打ち粉をふってアルミ箔を敷き、空焼き用の重石をのせ、180℃で約20分、縁が少しキツネ色になるまで焼く。生地の真ん中も焼けるように、重石とアルミ箔を外し、さらに5 ～ 10分焼く。
11 フィリングを入れ、クランブルをまんべんなくのせ、170℃に下げて約30分、表面が好みの色になるまで焼く。
12 型ごと網にのせて冷ます。

Ingredients

Sweet shortcrust pastry:
130g medium flour
1g salt
70g butter
(unsalted, chilled, diced)
20g caster sugar
22g eggs
5g cold water
(perhaps more in winter)

Filling:
500g red rhubarb
90g caster sugar
Juice of ½ an orange
Crumble:
90g medium flour
0.5g salt
45g butter
(unsalted, room
　temperature, diced)
45g caster sugar

Preparation

- Wash rhubarb well and cut into 2cm pieces.

Method

1 Mix the flour and salt together with your hand in a bowl. Add the butter and rub it in, until the mixture resembles fine sand.
2 Mix in the sugar.
3 Beat the egg with the water, and with a cutlery knife (or spatula), using the flat part of the blade to press the wet parts of the dough into the dry, add enough of the liquid as needed to form a dough.
4 Knead briefly on a lightly floured counter. Wrap and chill for 30 minutes.
5 Make the filling: mix ingredients and spread in a baking tin. Cover with foil and bake for 30-40 minutes until softened. Drain the syrup from the rhubarb.
6 Roll pastry to a circle 2-3mm thick.
7 Transfer to tart tin, trim excess, prick the base with a fork and chill for 30 minutes.
8 Make the crumble: mix the flour and salt together with your hand in a bowl. Add the butter and rub it in, until the mixture resembles fine sand.
9 Mix in the sugar.
10 Lay a sheet of foil on the pastry and fill with baking weights. Bake for about 20 minutes at 180°C until the edges have browned. Remove foil and weights and bake for a further 5-10 minutes.
11 Spread the filling across the base of the tart and scatter on the crumble, bake for about 30 minutes at 170°C until the crumble has browned.
12 Cool in the tin on a wire rack.

マーマレードローフケーキ
Marmalade Loaf Cake

愛すべきマーマレードは、
トーストにはもちろん、お菓子作りの材料としても大活躍します。
イギリスのマーマレードの特徴は、苦味と酸味、そしてジャムの硬さです。
しっとりしたフルーツケーキとマーマレードの苦味は好相性！
ティータイムにぴったりです。

- 予熱：150℃、作り始める前に
- 個数：1本
- 型：容量450㎖のパウンド（ローフ）型、
  ベーキングペーパーを敷く
- メソッド：1〜4＝クリーミング（p.138参照）
- 保存：冷蔵で5日程度、冷凍で3ヶ月

- Preheat : 150°C
- Quantity : 1
- Equipment : 450ml (1 pound) loaf tin,
  lined with baking paper
- Store : up to 5 days in the fridge or 3 months
  in the freezer

❀ 材料
バター（食塩不使用／低めの常温）…110g
きび砂糖…65g
卵…100g
中力粉…125g
ベーキングパウダー…5.5g
塩…1g
サルタナレーズン…50g
マーマレード…50g
仕上げ用：
マーマレード…適量

Ingredients
110g butter (unsalted, cool room temperature)
65g brown sugar
100g eggs
125g medium flour
5.5g baking powder
1g salt
50g sultanas
50g marmalade
To finish:
Marmalade

❀ 作り方
1 ボウルにバターを入れ、ハンドミキサー（または木のスプーン）で
  やわらかくなるまで混ぜる。
2 きび砂糖を加え、ふわふわになるまで混ぜる。
3 卵を少しずつ加えて混ぜる。
4 中力粉、ベーキングパウダーと塩を合わせてふるい入れ、ゴムベラ
  でざっくり混ぜる。
5 サルタナレーズンも加えて混ぜ、マーマレードも加えて混ぜる。
6 型に流し入れ、表面を平らにし、150℃で45〜50分焼く。竹串を
  刺して生の生地がつかなければ焼き上がり。表面にマーマレードを
  塗り、乾かすため再度オーブンで2〜3分焼く。
7 粗熱が取れたら型から外し、ベーキングペーパーを取り、網にのせ
  て冷ます。

Method
1 With a hand mixer or wooden spoon, beat the
  butter until soft.
2 Add brown sugar and continue to beat until
  fluffy and lightened in colour.
3 Add the eggs a little at a time.
4 Combine the flour, baking powder and salt,
  sift over the batter and fold in.
5 Mix in the sultanas and then the marmalade.
6 Transfer to the tin, level, and bake at 150°C for
  45-50 minutes until a skewer comes out clean.
  Brush the top of the cake with marmalade,
  and bake for a further 2-3 minutes.
7 Remove from tin once cool enough to handle
  and transfer to a wire rack to cool.

❀材料

モラセス…100g

バター（食塩不使用／常温）…100g

きび砂糖…100g

塩…2g

牛乳…110g

卵…55g

中力粉…150g

重曹…2.5g

《スパイス類》

ジンジャーパウダー…5g

オールスパイス…2g

ステムジンジャー（ハウツー参照）…40g

ステムジンジャーのシロップ…適量

アイシング：

粉糖…20g

ジンジャーシロップ（または牛乳）…適量

ジンジャードリズルケーキ
Ginger Drizzle Cake

ケーキやクッキーなどイギリスの焼き菓子には、いろいろな形で生姜が登場します。
ジンジャーパウダー、ジンジャーシロップ、
ステムジンジャー（生姜のシロップ漬け）。生の生姜も使います。
しっとりとしたこのケーキは3タイプの生姜を使う、身も心も温めるお菓子です。
普段は常温で、有塩バターを塗ったりして食べますが、
寒い日には少し温めて、カスタードソースと一緒に食べるのもいいと思います！

- 予熱：150℃、作り始める前に
- 個数：1台
- 型：直径15cmの深い丸型、ベーキングペーパーを敷く
- メソッド：1＝溶かし（p.139参照）
- 保存：冷蔵で3日程度、冷凍で3ヶ月

- Preheat : 150°C
- Quantity : 1
- Equipment : 15cm cake tin (round, deep), lined with baking paper
- Store : up to 3 days in the fridge or 3 months in the freezer

---

❀下準備
・ステムジンジャーは5mm角に切る。

❀作り方

1 鍋にモラセス、バター、きび砂糖、塩を入れ、沸騰しないように弱火にかけ、ゴムベラで混ぜながらゆっくり溶かす。

2 粗熱が取れたら、牛乳を加えてよく混ぜる。

3 卵を加えてよく混ぜる。

4 中力粉、重曹、スパイス類を合わせてふるい入れ、ステムジンジャーも加え、粉が見えなくなるまで混ぜる。

5 型に生地を流し入れ、150℃で約1時間焼く。竹串を刺して生の生地がつかなければ焼き上がり。

6 ケーキがまだ温かいうちに、竹串で穴を数か所あけ、ステムジンジャーのシロップをハケで全面にたっぷり塗る。

7 完全に冷めたら型から外し、ベーキングペーパーを取り、網にのせて冷ます。

8 アイシングの粉糖とジンジャーシロップは、自然にたれる程度の固さに混ぜ、表面にかける。

Ingredients

100g full strength molasses	Spices:
100g butter	5g ginger powder
(unsalted, room temperature)	2g all spice
100g brown sugar	40g chopped
2g salt	stem ginger (see How To)
110g milk	Ginger syrup
55g eggs	from the jar
150g medium flour	Icing:
2.5g bicarbonate of soda	20g icing sugar
	Ginger syrup
	(or milk)

Preparation

• Chop the stem ginger into 5mm pieces.

Method

1 Gently melt the molasses, butter, sugar and salt in a saucepan while stirring with a spatula.

2 When cooled slightly, add the milk and mix.

3 Add the eggs and mix.

4 Combine the flour, bicarbonate of soda and spices, sift onto the batter, add the chopped ginger and mix until the flour is no longer visible.

5 Pour into tin and bake at 150°C for about 1 hour, until a skewer comes out clean.

6 While hot, make holes in the cake and drizzle with ginger syrup.

7 Remove from tin once cool enough to handle and transfer to a wire rack to cool completely.

8 Mix together the icing sugar and syrup and drizzle across the cake.

How To

ステムジンジャー（生姜のシロップ漬け）の作り方
Stem ginger

● 材料（約800g）
生姜…800g（皮をむく前の量）
水…1000g
グラニュー糖…800g
塩…2g

● 作り方

1 生姜の皮をむき、厚さ8mmに切る。鍋に生姜と全体が浸るくらいの水（材料外）を入れ、沸騰させてから湯を捨てる。このゆでこぼし作業を計3回繰り返す。

2 鍋に水、グラニュー糖、塩を入れて中火にかける。グラニュー糖が溶けたら、やわらかくなった生姜を加え、沸騰させる。弱火にし、フタをして1〜2時間、シロップが106℃になるまでに煮詰める。

3 殺菌した保存瓶に詰めて冷暗所に保存。1年以内に使いきる。

Ingredients (about 800g)

800g fresh ginger	1000g of water
800g caster sugar	2g salt

Method

1 Peel the ginger, cut into discs of about 8mm. Cover the ginger with water (separate amount to recipe) in a saucepan and bring to the boil 3 times, discarding the water each time.

2 Heat the litre of water, sugar and salt until boiling and the sugar has melted. Add the softened ginger and simmer gently for 1-2 hours, or until the syrup reaches 106°C.

3 Pour into sterilised jars and keep in a cool place for up to 1 year.

グーズベリークランブルケーキ

Gooseberry Crumble Cake

グーズベリー（セイヨウスグリ）の酸味が
楽しいこのケーキは、イギリス特有の夏の味わいです。
グーズベリーが手に入らなければ、
他のサマーフルーツでバリエーションを楽しみましょう。
特にベリー系全般、サワーチェリー、
プラムといった酸味のある果物と合います。

- 予熱：160℃、作り始める前に
- 個数：1台
- 型：直径15cmの深い丸型、ベーキングペーパーを敷く
- メソッド：1〜4＝クリーミング（p.138参照）
  5＝すり合わせ（p.137参照）
- 保存：冷蔵で5日程度、冷凍で3ヶ月
  グーズベリーの旬は初夏

- Preheat : 160°C
- Quantity : 1
- Equipment : 15cm cake tin (round, deep),
  lined with baking paper
- Store : up to 5 days in the fridge or 3 months
  in the freezer
Gooseberries are available in early summer in Japan

❀材料

バター（食塩不使用／低めの常温）…90g

グラニュー糖（微粒子）…45g

きび砂糖…45g

卵…55g

バニラオイル…2g

中力粉…90g

アーモンドパウダー…30g

ベーキングパウダー…3g

塩…1g

クランブル：

中力粉…50g

塩…ひとつまみ

バター（食塩不使用／常温／角切り）…25g

グラニュー糖（微粒子）…20g

グーズベリー…80g

❀下準備

・グーズベリーの枝などをはさみで切り落として、洗う。

❀作り方

1 ボウルにバターを入れ、ハンドミキサー（または木のスプーン）で
やわらかくなるまで混ぜる。

2 グラニュー糖ときび砂糖を加え、白っぽくなるまで混ぜる。

3 卵とバニラオイルを合わせ、少しずつ加えて混ぜる。

4 中力粉、アーモンドパウダー、ベーキングパウダー、塩を合わせて
ふるい入れ、ゴムベラで混ぜ合わせる。

5 クランブルを作る。ボウルに中力粉と塩を入れ、手で混ぜる。バタ
ーを加え、指先ですり合わせ、さらさらと砂っぽい状態にする。

6 グラニュー糖を加えて混ぜる。

7 型に生地を流し入れ、表面を平らにし、洗ったグーズベリーをのせ、
クランブルをパラパラとふりかける。160℃で約60分焼く。竹串を
刺して生の生地がつかなければ焼き上がり。

8 粗熱が取れたら型から外し、ベーキングペーパーを取り、網にのせ
て冷ます。

Ingredients

90g butter (unsalted, cool room temp)
45g caster sugar
45g brown sugar
55g eggs
2g vanilla oil
90g medium flour
30g almond powder
3g baking powder
1g salt
Crumble:
50g medium flour
Pinch of salt
25g butter (unsalted, room temperature, diced)
20g caster sugar
80g gooseberries

Preparation

• Snip top and tail pieces off the gooseberries
and wash.

Method

1 With a hand mixer or wooden spoon, beat the
butter until soft.
2 Add sugars and continue to beat until fluffy and
lightened in colour.
3 Mix the vanilla oil with the eggs, and add to the
batter a little at a time.
4 Combine the flour, almond powder, baking
powder and salt, sift over the batter and fold in.
5 Make the crumble: mix the flour and salt together
with your hand in a bowl. Add the butter and
rub it in, until the mixture resembles fine sand.
6 Mix in the sugar.
7 Transfer cake batter to tin and scatter the
gooseberries on top, scatter the crumble over
this and bake at 160°C for about 1 hour,
until a skewer comes out clean.
8 Remove from tin once cool enough to handle
and transfer to a wire rack to cool.

バノフィーパイ
Banoffee Pie

「バノフィー（banoffee）」という不思議な名前は、
主な材料であるバナナとトフィーから作った造語です!
ちなみにトフィーは練乳をじっくり熱して作ります。
1970年代、イギリス南部サセックス州にある
「ハングリー・モンク」というレストランで誕生したこのパイは、
アメリカンクリームパイの「トフィーコーヒーパイ」を
基にしたレシピだそうです。

- 予熱：オーブンを使う場合は160℃、作り始める前に
- 個数：1台
- 型：直径18cmのパイ皿
- 保存：冷蔵で2日程度

- Preheat : (if using an oven) 160°C
- Quantity : 1
- Equipment : 18cm pie dish
- Store : up to 2 days in the fridge

❦ 材料

パイ生地：

市販の全粒粉ビスケット

（マクビティ ダイジェスティブ ビスケットなど）

…85g

バター（食塩不使用）…40g

トフィー：

練乳（缶詰／加熱して冷ましたもの〈メモ参照〉）

…100g

バター（食塩不使用／常温）…30g

きび砂糖…25g

塩…0.5g

トッピング：

大きめのバナナ…1本

生クリーム（脂肪分42%）

…150g

エスプレッソパウダー

…0.5～1g

板チョコレート…5g

❦ 下準備

- バターは鍋（または電子レンジ）で溶かしておく。
- バナナは薄く切る。
- 生クリームにエスプレッソパウダーを加え、やわらかい角ができるまで泡立てる。
- 板チョコレートは細かく削る。

❦ 作り方

1 ポリ袋に全粒粉ビスケットを入れ、めん棒（またはフードプロセッサー）で砕く。

2 溶かしたバターを加えて混ぜ、パイ皿にスプーンを使い敷き詰める。

3 しっかりしたパイ生地にしたい場合、160℃で5～10分焼く。ホロホロしたパイ生地にしたい場合、オーブンは使わず、冷蔵室で冷やすだけでOK。

4 トフィーを作る。鍋にすべての材料を入れて中弱火にかけ、ゴムベラで混ぜる。ブクブクと沸いてきたら約2分混ぜ続け、パイ生地に流し入れ、冷蔵室で冷やす。

5 トフィーの上にバナナをきれいに並べ、無糖のホイップした生クリームをのせて、チョコレートをふる。食べる前に約30分冷やしておくと、ホイップクリームが切りやすくなる。

Ingredients

For the base:
85g Digestive biscuits
40g butter (unsalted, room temperature)
Toffee:
100g condensed milk
(boiled in the can then cooled, see the Memo)
30g butter (unsalted, room temperature)
25g brown sugar
0.5g salt
Topping:
1 large banana
150g cream (42% fat)
0.5-1g espresso powder
5g chocolate

Preparation

- Melt butter in a small pan or microwave.
- Add the espresso powder to the cream and whisk to soft peaks.
- Grate chocolate.

Method

1 Crush the biscuits in a plastic bag with rolling pin (or use a food processor).

2 Mix the melted butter with the biscuit crumbs and press firmly into pie dish.

3 Bake for 5-10 minutes in a 160°C oven for a firm pie base, or chill for a more crumbly base.

4 Make the toffee: heat all the ingredients in a saucepan, then simmer for 2 minutes. Pour onto the pie base and chill.

5 Slice the banana and arrange pieces on top of the toffee, spread the cream on top of the bananas and sprinkle with grated chocolate. Chill for at least 30 minutes to for easier cutting.

Memo	練乳を安全にボイルする方法
	To boil a tin of condensed milk safely

鍋の底に小皿を裏返して置き、練乳の缶を横にして入れる。たっぷり水を注ぎ、缶がしっかり水の中に浸かっていることを確認したらフタをして、約3時間沸騰させる。重要なのは、空焼きになって爆発しないように注意すること。缶が湯の中から出ないように、湯が減ったら途中で何回か注ぎ足す。

Place an unopened can of condensed milk on its side on an upturned plate in the base of a large pot. Cover with lots of water, fit the lid and bring to the boil. Boil for 3 hours, topping up with additional hot water as required. You must ensure that the can is covered with water at all times and the pan doesn't boil dry, this is to prevent the can from exploding.

Column 5

東京でお菓子教室&
不定期販売の
「モンクレ」をスタート

　教師、ウェブデザイン、マーケティングの仕事などに従事し、貴重な経験もたくさんできましたが、「自分のやりたいことをしたい」という願望がずっとありました。自分で作って育てるような仕事をやりたい。働きながら、希望の仕事の具体的な形、分野について悩みました。私にとって「理想の仕事」は、他の人を手伝う、熱心な方々と一緒に働くかコラボするか、同じパッションをもっているコミュニティを作る、そして自分の勉強をいつまでも続ける毎日、というものでした。

　他のイギリス人と同様に、小さい頃からホームベーキングを続けていて、家族や友達は喜んでくれましたが、日本に来てからは、小麦粉など材料が日本とイギリスでは違うことや、日本では手に入らない材料を自分で作ることが必要になりました。これは材料について勉強するよいきっかけとなりました。

　だんだん日本の材料でもイギリス菓子を上手に作れるようになり、友人から「パーティーのためにケーキを作って欲しい」「しばらく食べていない大好きな<u>スティッキートフィープディング</u>を作って」といったリクエストをもらったりするようになりました。そのうち「ステイシー、お菓子のビジネスを始めたら?」と何度もいってもらいましたが、それでもまだ悩みました。

　熱心に営業をするビジネス人間じゃないし、会社を作るのがそもそも難しい。日本語でビジネスをするのは私には無理でしょう。イギリスの食べ物の評判は悪いので誰も来ないのではないか! などと考え、夢を少し抑えていました。海外に住むと、イギリスでは当たり前に

思っていたことや、生まれ育った場所の文化や食べ物、習慣がより貴重になってくる気がします。イギリスでジャガイモのように日常的な存在の、料理用のりんごのブラムリーアップルを日本で見つけた時、その懐かしい味に本当に感動しました。イギリスで一年中手に入るこのりんごが、日本では初秋に収穫された時にだけ味わえるので、毎年その日が待ち遠しく、季節を楽しむ喜びも改めて感じました。

　初めて日本でブラムリーアップルを見つけて食べた興奮をブログに書いたところ、ブラムリーの不思議なご縁がまた動き出しました。ブラムリーファンクラブの方がその記事を見つけ、連絡をくださいました。イギリスであまり知られていないブラムリーの歴史がとてもたくさんメールに書いてあり、その時から大好きな友達になりました。そして日本でイギリスのことについてこんなにパッションをもっている方々がいらっしゃり、珍しくておいしくておもしろい特徴のあるブラムリーを作ってくれる農家さんもいらっしゃり、歴史も興味深い。これならお菓子のビジネスができるかも! とやっと自分自身も納得しました! 不安もたくさんありましたが、万が一失敗したとしてもブラムリーファンクラブのような熱心な方と出会えたことが宝物であり、完璧なレシピコレクションが作れるチャンスにもなるし、試さないと後悔すると思ったのでジャンプしました。といっても、貯金と計画はその後3年程度かかりました!

　ブラムリー以外にも、イースターに食べたくなる<u>イースターホットクロスバンズ</u>や伝統的な<u>クリスマスケーキ</u>など、イギリス菓子それぞれの歴史やストーリーを調べてみたところ、さらに魅力を感じました。イギリスでも不定期販売のお店は見たことがありましたが、この文化的な要素があればお菓子の販売だけではなく、教室もできると感じ、また教えるという点でも私のパッションに最適だと思いました。仕事を続けながら、開業準備のブログを書き、物件探し、保健所への営業許可の相談、サプライヤー探し、ビジネスプランも書きました。振り返って書き出してみると、「忙しくて大変そう!」という印象ですが、実は本当にエキサイティングでした。

6

Regional
Recipes

地方にゆかりのあるレシピ

イングランド、スコットランド、
ウェールズ、北アイルランドからなるイギリス。
正式名称は「グレートブリテンおよび北アイルランド連合王国
（United Kingdom of Great Britain and Northern Ireland）」。
各地に個性豊かなお菓子が誕生し、今に受け継がれています。

ダンディーケーキ
Dundee Cake

マーマレード発祥の地として有名な
スコットランドの東海岸「ダンディー（Dundee）」の名物ケーキ。
クリスマスケーキより軽めのフルーツケーキで、
オレンジ風味のほどよいアクセントが印象的です。
アーモンドの飾りもチャーミング！ とてもおいしい昔ながらのケーキです。

- 予熱：130℃、作り始める前に
- 個数：1台
- 型：直径15cmの深い丸型、
  ベーキングペーパーを敷く
- メソッド：1～4＝クリーミング(p.138参照)
- 保存：冷蔵で21日程度、冷凍で3ヶ月

- Preheat：130°C
- Quantity：1
- Equipment：15cm cake tin (round, deep),
  lined with baking paper
- Store：up to 21 days in the fridge or 3 months
  in the freezer

✿材料

バター(食塩不使用／低めの常温)…90g
グラニュー糖(微粒子)…50g
きび砂糖…40g
卵…80g
中力粉…115g
アーモンドパウダー…35g
ベーキングパウダー…2.5g
塩…1.5g
《レーズン類》
サルタナレーズン…125g
レーズン…50g
カレンズ…25g
シェリー酒…10g

《フルーツ類》
オレンジピール(p.135参照)…40g
オレンジの皮(細かくすりおろす)
　…1/2個分
レモンの皮(細かくすりおろす)
　…1/2個分

牛乳…10g
飾り用：
アーモンド…10g
つや出し用：
マーマレード…適量

✿下準備

・レーズン類はシェリー酒にひと晩漬けておく。
・オレンジピールは幅5mmに切る。

✿作り方

1　ボウルにバターを入れ、ハンドミキサー(または木のスプーン)で
　　やわらかくなるまで混ぜる。
2　グラニュー糖ときび砂糖を加え、白っぽくなるまで混ぜる。
3　卵を少しずつ加えて混ぜる。
4　中力粉、アーモンドパウダー、ベーキングパウダー、塩を合わせて
　　ふるい入れ、ゴムベラで混ぜる。
5　レーズン類とフルーツ類を加えて混ぜ、牛乳も加えて混ぜる。
6　型に生地を流し入れ、表面を平らにし、アーモンドを放射状に並べ
　　る。押しつける必要はない。130℃で約1時間50分焼く。竹串を刺
　　して生の生地がつかなければ焼き上がり。
7　表面に水適量(分量外)を混ぜてゆるくしたマーマレードを塗り、
　　オーブンに戻し入れて余熱で約2分乾かす。
8　粗熱が取れたら型から外し、ベーキングペーパーを取り、網にのせ
　　て冷ます。

Ingredients

90g butter (unsalted, cool room temperature)
50g caster sugar
40g brown sugar
80g eggs
115g medium flour
35g almond powder
2.5g baking powder
1.5g salt
Dried fruit:
125g sultanas
50g raisins
25g currants
10g sherry
Citrus:
40g candied orange peel (p.135)
Zest of ½ an orange
Zest of ½ a lemon
10g milk
Decoration:
10g whole almonds
Glaze:
Marmalade

Preparation

- Soak dried fruit in the sherry overnight.
- Chop the candied orange peel to 5mm pieces.

Method

1　With a hand mixer or wooden spoon, beat the
　butter until soft.
2　Add the sugars and continue to beat until fluffy
　and lightened in colour.
3　Add the eggs a little at a time.
4　Combine the flour, almond powder, baking
　powder and salt, sift over the batter and fold in.
5　Stir in the dried fruit, citrus and milk.
6　Transfer to the tin, level, and lightly place the
　almonds in concentric circles on the surface.
　Bake at 130°C for about 1 hour 50 minutes
　until a skewer comes out clean.
7　Brush the top of the cake with marmalade
　thinned with a splash of water, and bake for a
　further two minutes to dry.
8　Remove from the tin when cool enough to
　handle and cool on a wire rack.

ベイクウェルタルト
Bakewell Tart

イングランド北部の美しい田舎町「ベイクウェル（Bakewell）」で
1820年代に誕生したとされる伝統的なお菓子。
サクッとしたタルト生地に、甘酸っぱいラズベリージャムを塗り、
レモンがアクセントのアーモンドフィリングを詰めて焼く、しっとりしたタルトです。

- 予熱：180℃、3の後に
- 個数：1台
- 型：直径22cmのタルト型
- メソッド：1＝すり合わせ(p.137参照)、5＝生地の伸ばし方(p.139参照)、
  8〜10＝クリーミング(p.138参照)
- 保存：冷蔵で7日程度、冷凍で3ヶ月

- Preheat : 180°C after step 3
- Quantity : 1
- Equipment : 22cm tart tin
- Store : up to 7 days
  in the fridge or 3 months
  in the freezer

❈ 材料

スイートショートクラスト生地：
中力粉…130g
塩…1g
バター(食塩不使用／冷えて硬い／角切り)
…65g
グラニュー糖(微粒子)…20g
卵…22g
冷水…5g
（冬にはもう少し必要になることも）

フィリング：
バター(食塩不使用／常温)…80g
塩…1g
グラニュー糖(微粒子)…80g
卵…80g
アーモンドオイル…2g
アーモンドパウダー…80g
レモンの皮(細かくすりおろす)
…1/2個分
ラズベリージャム…80g
アーモンドスライス…約10g

Ingredients

Sweet shortcrust pastry
130g medium flour
1g salt
65g butter
(unsalted, chilled, diced)
20g caster sugar
22g eggs
5g chilled water
(perhaps more in winter)

Filling:
80g butter
(unsalted,
room temperature)
1g salt
80g caster sugar
80g eggs
2g almond oil
80g almond powder
Zest of ½ a lemon
80g raspberry jam
About 10g
sliced almonds

❈ 作り方

1 ボウルに中力粉と塩を入れ、手で混ぜる。バターを加え、指先ですり合わせ、さらさらと砂っぽい状態にする。
2 グラニュー糖を加えて混ぜる。
3 卵と冷水を合わせて半量を加え、ディナーナイフ（またはゴムベラ）で軽く混ぜる。ナイフの平らな部分で、しっとりしている生地を乾いた生地に押し込むようにする。残りの半量は、様子を見ながら少しずつ加える。手でひとまとめにする。
4 打ち粉をした台に取り出し、軽くこね、ラップに包んで冷蔵室で約30分寝かせる。
5 生地を厚さ2〜3mmの円形に伸ばす。
6 型に敷き詰め、型からはみ出した生地を切り落とす。底部にフォークで空気穴を数か所あけ、冷蔵室で冷やす。
7 生地に打ち粉をふってアルミ箔を敷き、空焼き用の重石をのせ、180℃で約20分、縁が少しキツネ色になるまで焼く。重石とアルミ箔を外し、さらに5〜10分焼く。
8 フィリングを作る。ボウルにバターと塩を入れ、ハンドミキサー（または木のスプーン）で混ぜる。
9 グラニュー糖を加えて混ぜる。
10 卵とアーモンドオイルを合わせ、少しずつ加えて泡立てすぎないように混ぜる。
11 アーモンドパウダーとレモンの皮を加えて混ぜる。
12 タルト生地にラズベリージャムを塗り、ジャムをおおうようにフィリングを広げる。絞り袋に移し入れて絞ってもいい。
13 アーモンドスライスをふり、170℃に下げて30〜40分焼く。竹串を刺して生の生地がつかなければ焼き上がり。
14 型ごと網にのせて冷ます。

Method

1 Mix the flour and salt together with your hand in a large bowl. Add the butter and rub it in, until the mixture resembles fine sand.
2 Mix in the sugar.
3 Beat the egg with the water, and with a cutlery knife (or spatula), using the flat part of the blade to press the wet parts of the dough into the dry, add enough of the liquid as needed to form a dough.
4 Knead briefly on a lightly floured counter. Wrap and chill for 30 minutes.
5 Roll to a circle 2-3mm thick.
6 Transfer to tart tin, trim excess. Prick the base with a fork and chill for 30 minutes.
7 Lay a sheet of foil on the pastry and fill with baking weights. Bake for 20 minutes at 180°C or until the edges have browned. Remove foil and weights and bake for a further 5-10 minutes.
8 Make the filling: with a hand mixer or wooden spoon, beat the butter and salt until soft.
9 Mix in the caster sugar to make a paste.
10 Combine almond oil and eggs, and add to the batter a little at a time. Unlike cake batter, there is no need to beat air into this mixture.
11 Add the almond powder and lemon zest, and mix well.
12 Spread raspberry jam in the base of the tart, and spoon or pipe in the filling covering the jam.
13 Scatter over the almonds and bake at 170°C for 30-40 minutes until golden brown and a skewer comes out clean.
14 Cool in the tin on a wire rack.

アイリッシュティーブラックケーキ
Irish Tea Brack Cake

濃くいれた紅茶を加える素朴な味わいで、
作り方もちょっとおもしろい「アイルランド (Ireland)」のケーキです。
「バームブラック (barmbrack)」という名前でも呼ばれ、バームは古い英語でイーストの意味ですが、
現在はベーキングパウダーで作ることが多いです。スパイスとドライフルーツもたっぷりでなんとも香ばしい。
もともとはパンのレシピ、バターが入っていないので、伝統的にはスライスして有塩バターを塗るのがお約束。
トーストすると素敵なブレックファーストにもなります！

- 予熱：150℃、作り始める前に
- 個数：1台
- 型：直径15cmの深い丸型、
  容量450mlのパウンド（ローフ）型でも可、
  ベーキングペーパーを敷く
- 保存：冷蔵で5日程度、冷凍で3ヶ月

- Preheat : 150℃
- Quantity : 1
- Equipment : 15cm cake tin (round, deep) or a 450ml
  (1 pound) loaf tin, lined with baking paper
- Store : up to 5 days in the fridge or 3 months
  in the freezer

❀材料
《レーズン類》
レーズン…115g
サルタナレーズン…115g
きび砂糖…115g
《スパイス類》
シナモンパウダー…2g
フレッシュナツメグ…0.2g
濃くいれた紅茶…140g
好みでアイリッシュウイスキー…10g

卵…55g
薄力粉…225g
ベーキングパウダー…11g
塩…2g
つや出し用：
はちみつ(温めておく)…適量
好みで飾り用：
コーヒーシュガー
(またはザラメ糖)…適量

❀下準備
・レーズン類はきび砂糖とスパイス類と混ぜ、濃くいれた紅茶に
好みでアイリッシュウイスキーを加え、ひと晩漬けておく。

❀作り方
1 漬け込んだレーズン類に卵を加え、ゴムベラでよく混ぜる。
2 薄力粉、ベーキングパウダーと塩を合わせ、数回に分けてふるい入れ、混ぜる。
3 型に生地を流し入れ、表面を平らにし、150℃で60〜70分焼く。
4 残り10分のところでケーキを取り出し、温めたはちみつを塗り、好みでコーヒーシュガーやザラメ糖をふりかけ、オーブンに戻す。濃い焼き色をつけたい場合は160℃に上げる。竹串を刺して生の生地がつかなければ焼き上がり。
5 粗熱が取れたら型から外し、ベーキングペーパーを取り、網にのせて冷ます。

Ingredients
Dried fruit:
115g raisins
115g sultanas
115g brown sugar
Spices:
2g cinnamon
0.2g freshly grated nutmeg
140g strong tea
10g Irish whisky (optional)

55g eggs
225g cake flour
11g baking powder
2g salt
To glaze:
Honey
To decorate:
Crystalised sugar
such as coffee sugar

Preparation
• Mix the dried fruit, brown sugar and
spices together, pour in the tea and whisky,
and soak overnight.

Method
1 Add the eggs to the soaked mixture and mix well.
2 Combine the flour, baking powder and salt,
sift over the batter and fold in.
3 Pour the mixture into the tin, level and bake at
150℃ for 60-70 minutes.
4 Remove from the oven during the last 10 minutes
of baking, brush with warmed honey to glaze
sprinkle with sugar. Increase to 160℃ if the cake
needs browning further. The cake is done when
a skewer comes out clean.
5 Remove from the tin when cool enough to
handle and cool on a wire rack.

イートンメス

Eton Mess

イギリスの夏の定番として愛される、伝統的なフレッシュデザート。
イングランド南東のバークシャー州「イートン（Eton）」にある
超名門の男子校・イートンカレッジで生まれたとされています。
さくさくのメレンゲと甘くないふわふわの生クリーム、そして甘みと酸味のあるいちご。
このすべてをぐちゃぐちゃに混ぜるので、ごちゃ混ぜの意の「メス（mess）」という名前がついています。
おいしさのポイントは、食べる直前に盛りつけることです。

- 予熱：100℃、作り始める前に
- でき上がり：4〜5人分
- 容器：サービングボウル
- 保存：メレンゲは密閉容器に入れて
　　　　冷蔵で7日程度、冷凍で3ヶ月

- Preheat : 100°C
- Serves : 4-5 people
- Equipment : large serving bowl or dish
- Store : meringues, best made in low humidity, keep in an airtight container for up to 7 days or frozen for 3 months

✿ 材料

メレンゲ（40〜50個分）：
＊1人分10個など、使うのは好みの量でOK

卵白…70g

クリームターター
　　…付属の計量用スプーン1杯(0.05g)
＊メレンゲを作る際、気泡を安定させて
キメを細かくするL-酒石酸水素カリウムのこと

グラニュー糖（微粒子）…120g
コーンスターチ…1g
生クリーム（脂肪分42%）…200g
いちご…200g

Ingredients

Meringue: (40-50 pieces)　　120g caster sugar
about 10 per person　　　　　1g cornstarch
70g egg whites　　　　　　　200g cream (42% fat)
0.05g (1 tiny spoon　　　　　200g fresh strawberries
from the package)
cream of tartar
*cream of tartar stabilizes the foam

✿ 作り方

1　メレンゲを作る。ボウルに卵白とクリームターターを入れ、やわらかい角ができるまでハンドミキサーで泡立てる。

2　グラニュー糖とコーンスターチを合わせ、少しずつ加えて混ぜる。ミキサーの速度も少しずつ上げる。

3　メレンゲの泡につやが出て、伸びるようになるまで混ぜ続ける。指で触ってみてグラニュー糖の感触がなくなっていればでき上がり。

4　口金（2D花6切りなど）をつけた絞り袋に入れ、ベーキングペーパーを敷いた天板にひと口大に絞る。

5　100℃で約2時間、色は白色かクリーム色のままで、ベーキングペーパーから簡単にはがせる状態になるまで焼く。

6　生クリームは7〜8分立てに泡立てる。

7　いちごの半量は半分に切り、残りはフォークで少し崩してピューレ状にする。

8　サービングボウルにメレンゲ、無糖のホイップした生クリーム、いちごを順にのせ、それを何回か繰り返して山盛りに仕上げる。食べる時は、大きなスプーンで器に取り分ける。

Method

1　Make the meringues: add the cream of tartar to the egg whites and beat to soft peaks with a hand mixer.

2　Combine the cornstarch and caster sugar, and add to the egg whites a little at a time. Increase the speed of the mixer as you go.

3　Beat until the meringue is shiny and can hold stretchy peaks. Test some between your fingers to check for sugar granules. If there are none the meringue is ready.

4　Transfer to a piping bag fitted with a closed star tip (we use 2D) and pipe bite-sized pieces onto a baking paper-lined tray.

5　Bake at 100°C for around 2 hours. They will still be a light cream colour but you can lift them easily off the paper.

6　Whip the cream until it holds soft peaks.

7　Slice some of the strawberries in half, and crush the rest to a rough purée with a fork.

8　Pile up layers of meringue, cream, strawberry pieces and purée in a large dish immediately before serving for the best texture. Scoop out portions with a large spoon to serve.

ギネスの
チョコカップケーキ
Guinness
Chocolate Cupcakes

「アイルランド（Ireland）」生まれの
真っ黒なギネスビールとサワークリームを合わせた、
とてもしっとりした生地のカップケーキ。
チョコ味と相性は抜群！
ココアパウダーをブルーミングさせる
作り方なので、チョコ感は大満足です。
クリームチーズのアイシングをのせると、
たまらないおいしさ。

チョーリー、エクルス＆バンブリーケーキ

Chorley, Eccles & Banbury Cakes

ちょっと似ている3種のお菓子は、どれも美味！
ケーキという名前ですが、現在のケーキとはかなり違うものですね。
バンブリーケーキが最も古く、おそらく12世紀にシリアから
十字軍とともにイギリスに渡ってきたものでしょう。
今でもイングランド北部の街「バンブリー（Banbury)」の名物です。
チョーリーケーキとエクルスケーキは、イングランド西北のマンチェスター近郊の街
「チョーリー（Chorley)」と「エクルス（Eccles)」の有名なお菓子です。
エクルスケーキは、チェダーチーズのスライスをのせて食べるのもおすすめ。

ギネスのチョコカップケーキ
Guinness Chocolate Cupcakes

- 予熱：160℃、作り始める前に
- 個数：6個
- 型：マフィン型、グラシンケースを敷く
- メソッド：1＝溶かし（p.139参照）
- 保存：冷蔵で3日程度

- Preheat : 160℃
- Quantity : 6
- Equipment : muffin tray lined with cupcake cases
- Store : up to 3 days in the fridge

❀ 材料

バター（食塩不使用／常温）…60g
ギネスビール…60g
塩…1.5g
グラニュー糖（微粒子）…95g
ココアパウダー…20g
サワークリーム…35g
卵…26g
バニラオイル…1g
中力粉…75g
重曹…2g

アイシング：
クリームチーズ…60g
粉糖…30g
生クリーム（脂肪分42%）…25g
好みでアイリッシュウイスキー
…5g

Ingredients

60g butter
(unsalted,
room temperature)
60g Guinness beer
1.5g salt
95g caster sugar
20g cocoa powder
35g sour cream
26g eggs
1g vanilla oil
75g medium flour
2g bicarbonate of soda

Icing:
60g cream cheese
30g icing sugar
25g cream (42% fat)
5g Irish whisky
(optional)

❀ 作り方

1 鍋にバター、ギネスビール、塩を入れ、中弱火にかけて溶かす。
2 グラニュー糖とココアパウダーも加え、粉気がなくなるまでホイッパーで混ぜる。
3 いい香りと湯気がたってから火を止め、サワークリームを加えて余熱で溶かす。
4 粗熱が取れたら、卵とバニラオイルを加えてよく混ぜる。
5 中力粉と重曹を合わせてふるい入れ、粉が見えなくなるまでホイッパーで混ぜる。
6 型に生地を流し入れ、160℃で20〜22分焼く。竹串を刺して生の生地がつかなければ焼き上がり。粗熱が取れたら型から外し、網にのせて冷ます。
7 アイシングを作る。ボウルにクリームチーズをやわらかくなるまで混ぜ、粉糖も加えてよく混ぜる。別のボウルで生クリームをやわらかい角ができるまで泡立て、混ぜ合わせる。
8 好みでケーキの表面にアイリッシュウイスキーをハケで塗る。
9 ケーキが完全に冷めたら、口金（2D花6切りなど）をつけた絞り袋にアイシングを移し入れ、表面の真ん中を始点に、だんだんと大きく時計回りに絞る。

Method

1 In a saucepan, gently heat the Guinness, butter and salt until melted.
2 Add sugar and cocoa powder, whisk smooth.
3 When the mixture steams and smells amazing, remove from heat, add the sour cream and stir to melt.
4 When cooled slightly mix in the eggs and vanilla oil.
5 Sift the flour and bicarbonate of soda onto the batter and whisk until there are no lumps.
6 Pour into prepared cases and bake at 160℃ for 20-22mins, until a skewer comes out clean. Cool on a wire rack.
7 Make the icing: beat cream cheese until smooth, then sift the icing sugar in and beat again. In a separate bowl whip the cream to soft peaks, add them to the cream cheese and combine.
8 Brush the tops of the cakes with whisky, if using.
9 When the cakes are completely cool, pipe the icing using a closed star-tip (we use 2D), starting in the middle and then spiraling out clockwise.

チョーリー、エクルス＆バンブリーケーキ

Chorley, Eccles & Banbury Cakes

- 予熱：180℃、3レシピとも成形と同時に
- 個数：各6個
- 型：直径10cmの丸い抜き型
- メソッド：チョーリーケーキの1＝すり合わせ（p.137参照）
- 保存：冷蔵で7日程度、冷凍で3ヶ月

- Preheat : 180°C around step 3
- Quantity : 6 of each
- Equipment : 10cm round cutter
- Store : 7 days in the fridge or 3 months in the freezer

❈材料

チョーリー用ショートクラスト生地：
中力粉…180g
ベーキングパウダー…3g
塩…1.5g
バター（食塩不使用／常温／角切り）…45g
フレッシュラード（冷たいもの／またはバター）
　…45g
グラニュー糖…15g
水…30〜36g
フィリング：
カレンズ…120g
グラニュー糖（微粒子）…35g
つや出し用：
牛乳…適量

Ingredients

Chorley shortcrust pastry
180g medium flour
3g baking powder
1.5g salt
45g butter
(unsalted, room temperature, diced)
45g fresh lard
(chilled, or use butter)
15g caster sugar
30-36g water
Filling:
120g currants
35g caster sugar
To glaze:
Milk

● チョーリーケーキ

❈下準備

・フィリングのカレンズとグラニュー糖は混ぜておく。

Preparation

• Combine the sugar and currants.

❈作り方

1 ボウルに中力粉、ベーキングパウダーと塩を入れ、手で混ぜる。バターを加え、指先ですり合わせ、さらさらと砂っぽい状態にする。フレッシュラードも加えてすり合わせる。
2 グラニュー糖も加えて混ぜる。
3 水を少しずつ加え、ディナーナイフ（またはゴムベラ）でやわらかい生地になるまで軽く混ぜる。手でひとまとめにする。
4 打ち粉をした台に取り出し、めん棒で厚さ3mmに伸ばし、抜き型で丸く抜く。
5 生地の真ん中にフィリングを大さじ1ずつのせ、生地の縁に水をつけ、縁全体を寄せるようにして包む。裏返して手の平で押さえ、カレンズが見えるまでめん棒で少し大きく伸ばす。
6 表面に牛乳をハケで塗り、180℃で約20分、キツネ色になるまで焼く。
7 網にのせて冷ます。

Method

1 Mix the flour, baking powder and salt together with your hand in a bowl. Add the butter and rub it in, until the mixture resembles fine sand. Add the lard and rub in.
2 Mix in the sugar.
3 Add a little of the water, and with a cutlery knife (or spatula), using the flat part of the blade to press the wet parts of the dough into the dry, add enough of the liquid as needed to form a dough.
4 Transfer to lightly floured counter, roll to 3mm thick and cut out six rounds.
5 Place about 1 tablespoon of filling in the centre of each round, wet the edges and gather together to seal. Turn the bun over and flatten with a rolling pin until you start to see the currants through the dough.
6 Brush with milk, and bake at 180°C for about 20 minutes or until slightly browned.
7 Cool on a wire rack.

◉ エクルスケーキ

❀ 材料

クイックフレーキー生地：
中力粉…150g
塩…1.5g
バター(食塩不使用／冷凍)…105g
水…55g
フィリング：
カレンズ…100g
きび砂糖…35g
バター(食塩不使用／常温)…15g
レモンの皮(細かくすりおろす)…1/2個分
ミックススパイス…1.5g
塩…0.5g
つや出し用：
卵…適量

❀ 作り方

1. ボウルに中力粉と塩を入れ、手で混ぜる。バターを粗くすりおろして加え、軽く混ぜる。
2. 水を少しずつ加え、ディナーナイフ（またはゴムベラ）で生地をまとめる。手でひとまとめにする。
3. ラップに包んで冷蔵室で30分寝かせる。生地にバターのかたまりがあるのでボロボロの状態だが、寝かせるとなじんでくる。
4. 鍋にフィリングのすべての材料を入れて中弱火にかけ、バターが溶けたら火から下ろして冷ます。
5. 打ち粉をした台に生地を取り出し、めん棒で厚さ4mmに伸ばし、抜き型で丸く抜く。
6. 生地の真ん中にフィリングを大さじ1ずつのせ、生地の縁に水をつけて、縁全体を寄せるようにして包む。裏返して手の平で押さえ、少し平らな丸い形にする。
7. 表面に卵をハケで塗り、ナイフで切り目を3本入れ、180℃で約25分、キツネ色になるまで焼く。
8. 網にのせて冷ます。

◉ バンブリーケーキ

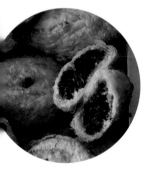

❀ 材料

ラフパフ生地
  (p.132参照／または市販の冷凍パイシート)
  …500g
フィリング：
カレンズ…90g
きび砂糖…30g
バター(食塩不使用／常温)…15g
オレンジピール(p.135参照)…10g
ブランデー…5g
はちみつ…7g
ミックススパイス…1.5g
オールスパイス…0.3g
フレッシュナツメグ…0.2g
塩…0.3g
つや出し用：
卵…適量
グラニュー糖(微粒子)…適量

❀ 作り方

1. 鍋にフィリングのすべての材料を入れて中弱火にかけ、バターが溶けたら火から下ろして冷ます。
2. ラフパフ生地は少し常温にもどし、めん棒で厚さ5mmに伸ばし、抜き型で丸く抜く。
3. 生地の真ん中にフィリングを大さじ1ずつのせ、生地の縁に水をつけて、縁全体を寄せるようにして包む。裏返して手の平で押さえ、楕円形にする。
4. 表面に卵をハケで塗ってグラニュー糖をふり、180℃で20〜25分、キツネ色になるまで焼く。
5. 網にのせて冷ます。

Ingredients

Quick flaky pastry
150g medium flour
1.5g salt
105g butter (unsalted, frozen)
55g water
Filling:
100g currants
35g brown sugar
15g butter
(unsalted, room temperature)
Zest of ½ a lemon
1.5g mixed spice
0.5g salt
Glaze:
Beaten egg

Method

1 Mix the flour and salt in a bowl and roughly grate in the frozen butter.
2 Add water a little at a time and with a cutlery knife or spatula bring the dough together.
3 Wrap and chill for 30 minutes. Pieces of butter should be visible in the dough, but it will be less crumbly after chilling.
4 Mix all filling ingredients together and heat gently until butter melts. Cool before using.
5 Roll out on a lightly floured counter to 4mm thick, and cut six rounds.
6 Place about 1 tablespoon of filling in the centre of each round, wet the edges and gather together to seal. Turn the bun over and flatten into a thick disc with your hand.
7 Brush with beaten egg, slash 3 times, and bake at 180°C for about 25 minutes or until golden brown.
8 Cool on a wire rack.

Memo

生地のオプション
Pastry options

市販のエクルスケーキは、層というより、ちょっとボロボロでクランブリーな生地。このレシピはクイックフレーキー生地を使うが、冷凍パイシートやラフバフ生地でも作れる。

The popular Eccles cakes sold commercially have quite a flaky, crumbly textured crust rather than distinct layers. However, they are also nice made with defrosted puff pastry or rough puff pastry.

Ingredients

500g rough puff pastry
(p.132, cool room temperature, or use defrosted puff pastry)
Filling:
90g currants
30g brown sugar
15g butter
(unsalted, room temperature)
10g candied orange peel (p.135)
5g brandy
7g honey
1.5g mixed spice
0.3g all spice
0.2g freshly grated nutmeg
0.3g salt
Glaze:
Beaten egg
Caster sugar

Method

1 Mix all filling ingredients together and heat gently until butter melts. Cool before using.
2 Roll the rough puff pastry to 5mm thick and cut out six rounds.
3 Place about 1 tablespoon of filling in thecentre of each round, wet the edges with water and gather together to seal. Turnthe bun over and flatten into a thick oval shape with your hand.
4 Brush with beaten egg, sprinkle with sugar, and bake at 180°C for about 20-25 minutes or until golden brown.
5 Cool on a wire rack.

Memo

生地のオプション
Pastry options

ラフバフ生地のかみ応えのある層がバンブリーケーキのおいしさ。生地を層にする機械がない時代の、昔ながらの折り込み層の生地に近いような気がする。でも冷凍パイシートでももちろん作れる！

The lovely crunchy layers of rough puff pastry are excellent in this Banbury cake, and I feel reflect what an earlier layered pastry might have been like, before machine lamination. However, defrosted puff pastry will work nicely too.

ヨークシャーパーキンジンジャーブレッド

Yorkshire Parkin Gingerbread

ヨークシャー
ファットラスカルズ
Yorkshire Fat Rascals

ヨークシャーパーキン
ジンジャーブレッド
Yorkshire Parkin Gingerbread

スパイスがたっぷり入った伝統的なジンジャーケーキは、
イングランド北部の「ヨークシャー（Yorkshire）」生まれ。
特に11月5日のボンファイヤーナイトに食べます。
時間が経つとますますスティッキー（ねちっと）でしっとり、
さらにおいしくなります。
紅茶と一緒に食べるのが最高です！

- 予熱：140℃、作り始める前に
- 個数：1台
- 型：直径15cmの深い丸型、ベーキングペーパーを敷く
- メソッド：1＝溶かし（p.139参照）
- 保存：冷暗所で21日程度、冷凍で3ヶ月

- Preheat : 140℃
- Quantity : 1
- Equipment : 15cm cake tin (round, deep),
  lined with baking paper
- Store : up to 21 days in a cool place or 3 months
  in the freezer

❈ 材料

ゴールデンシロップ…105g
モラセス…30g
バター（食塩不使用／常温）…110g
きび砂糖…60g
塩…1g
卵…55g
牛乳…10g
中力粉…110g
ベーキングパウダー…4g

《スパイス類》
ジンジャーパウダー…8g
ミックススパイス…3g
フレッシュナツメグ…0.5g

オートミール…80g

Ingredients

105g golden syrup
30g full strength molasses
110g butter
(unsalted, room temperature)
60g brown sugar
1g salt
55g eggs
10g milk
110g medium flour
4g baking powder
Spices:
8g ginger powder
3g mixed spice
0.5g freshly
grated nutmeg
80g medium oatmeal

❈ 作り方

1 鍋にゴールデンシロップ、モラセス、バター、きび砂糖と塩を入れ、沸騰しないように弱火にかけ、ゴムベラで混ぜながらゆっくり溶かす。

2 粗熱が取れたら、卵と牛乳を加えてよく混ぜる。

3 中力粉、ベーキングパウダーとスパイス類を合わせてふるい入れ、オートミールも加えてよく混ぜる。

4 型に生地を流し入れ、140℃で約1時間焼く。竹串を刺して生地が少しだけついた状態で焼き上がり。焼きすぎないのがポイント。

5 粗熱が取れたら型から外し、ベーキングペーパーを取り、網にのせて冷ます。冷めたらラップで包む。数日間、常温においてから食べるのがおすすめ！

Method

1 Gently melt the golden syrup, molasses, butter, sugar and salt in a saucepan while stirring.

2 When cooled slightly, add the milk and the egg and stir well.

3 Combine the flour, baking powder and spices, sift over the batter, add the oatmeal and mix well.

4 Pour into the tin, bake at 140℃ for about 1hour, or until a skewer comes out almost clean. Not over-baking the parkin is key.

5 Remove from the tin when cool enough to handle and cool on a wire rack. Wrap when cool and try to store for a few days before eating!

ヨークシャー ファットラスカルズ
Yorkshire Fat Rascals

イングランド北部の
「ヨークシャー（Yorkshire）」の名物ティーケーキで、
イギリスの他の地域にはない珍しいものです。
スコーンのような生地にオレンジピールとスパイスが入り、
そのままクッキーのように食べてもいいし、有塩バターを塗ってもいい。
焼き上がるとそれぞれの顔が違っていて、その個性もユニーク！

- 予熱：180℃、作り始める前に
- 個数：大きめ4個
- メソッド：1＝すり合わせ（p.137参照）
- 保存：冷蔵で5日程度、冷凍で3ヶ月

- Preheat：180℃
- Quantity：4 large rascals
- Store：up to 5 days in the fridge or 3 months in the freezer

❊ 材料

中力粉…240g
ベーキングパウダー…8.5g
塩…2g
《スパイス類》
シナモンパウダー…1.5g
フレッシュナツメグ…0.5g
バター（食塩不使用／常温／角切り）
　…60g
フレッシュラード
　（冷たいもの／またはバター）
　…60g
グラニュー糖（微粒子）…75g

カレンズ…65g
オレンジピール（p.135参照）
　…20g
レモンピール…15g
卵…85g
牛乳…20g
つや出し用：
卵…適量
仕上げ用：
ドレンチェリー…4個
アーモンド…12個

❊ 下準備
・ドレンチェリーは半分に切る。

❊ 作り方
1 ボウルに中力粉、ベーキングパウダー、塩、スパイス類を入れ、手で混ぜる。バターを加え、指先ですり合わせ、さらさらと砂っぽい状態にする。フレッシュラードも加えてすり合わせる。やりすぎないように、できるだけさらさら状態を目指す。
2 グラニュー糖を加えて混ぜる。
3 カレンズ、オレンジピールとレモンピールも加えて混ぜる。
4 卵と牛乳を合わせて加え、ディナーナイフ（またはゴムベラ）でとてもやわらかい生地になるまで軽く混ぜる。
5 カードを使って生地を4等分にし、打ち粉をたっぷりつけた手で軽く丸め、ベーキングペーパーを敷いた天板に並べる。
6 表面につや出し用の卵をハケで塗り、ドレンチェリーを両目に、アーモンド3つを歯に見立てて横並びに置き、軽く押しつける。180℃で約25分、焼き色がつくまで焼く。
7 網にのせて冷ます。

Ingredients

240g medium flour
8.5g baking powder
2g salt
Spices:
1.5g cinnamon
0.5g freshly grated nutmeg
60g butter
(unsalted,
room temperature,
diced)
60g fresh lard
75g caster sugar

65g currants
20g candied orange peel (p.135)
15g candied lemon peel
85g eggs
20g milk
Glaze:
Beaten egg
To decorate:
12 whole almonds
4 glacé cherries

Preparation
- Cut the glacé cherries in half.

Method
1 Mix the flour, baking powder, salt, and spices in a bowl with your hand. Add the butter and rub it in, until the mixture resembles fine sand. Add the lard and rub in.
2 Mix in the sugar.
3 Add the currants and candied peels and mix.
4 Combine the egg and the milk, and mix in with a cutlery knife (or spatula). The dough will be very soft.
5 Use a dough scraper to divide into four, and using well-floured hands, shape each piece into a rough ball and place on a baking paper-lined tray.
6 Brush with egg and make faces using almonds for the teeth and glacé cherry pieces for the eyes. Bake at 180℃ for about 25 minutes until the tops and bottoms are golden brown.
7 Place on a wire rack to cool.

Column 6

プディングとは何ですか？

「プディングとは何ですか？」。教室でよく聞かれる質問ですが、3時間くらいの話ができるトピックなので、いつも笑ってから答えています。プディングの文化は数千年と非常に長いため、歴史の流れの中でいろいろな意味をもつ、イギリスで大事なソウルフードのひとつです。

最初のプディングは料理系のものでした。まだ存在している「ブラックプディング（black pudding）」という血と脂肪入りのソーセージのように、狩猟先で早くダメになってしまう内臓、血、脂肪を腸や胃袋に詰めてゆでるという、「食べ物をむだにしない文化」から生まれたものだそうです。フランスの「ブーダンノワール（boudin noir）」もブーダン（腸詰の意）という言葉はつながっているでしょう。胃袋に詰める伝統的な甘くないプディングは、スコットランドの「ハギス（haggis）」としてまだ存在しています。

中世のイギリスで料理の後に甘いものを食べるという文化はなく、お金持ちの家なら同じレシピでも肉系のものと、甘みのあるフルーツやスパイスが混ざったものがあったそうです。例えばクリスマスプディングの基になった「クリスマス ポタージュ（christmas pottage）」。もともとドライフルーツやスパイスと一緒に、牛肉やマトンも入っていました。もう存在しない料理ですが、少し甘みもある贅沢なカレーのようなシチューだったのでしょう。この時代を味わえるものとして、プディングではないのですが、クリスマスミンスパイの伝統的なレシピなら、フィリングに牛脂が入っていますので、とてもおいしいし、食べるとちょっとイメージできると思います。

17世紀のレシピ本では、完全に甘いプディングのレシピが見つかりますし、中世風の肉と甘みが混ざったレシピもあります。もともとの内臓、スパイス、ハーブ、パン粉と卵がベースの料理系プディングから、肉の部分が取り除かれて、パン粉、卵、フルーツとスパイスのデザート系プディングに進化したようです。

ヴィクトリア時代（1837-1901）までくると、盛りだくさんのプディングのレシピがあります。ゆでるものや蒸すものは、胃袋の代わりに布を使うバッグプディング、「メイソンキャッシュ（MASON CASH）」などの陶器製プディングボウルを使ったりもします。オーブンで焼くレシピもあります。

現在のイギリスには、定義づけしにくいたくさんの種類のプディングが残っています。ローストビーフと一緒に食べる甘くない「ヨークシャープディング（Yorkshire pudding）」、牛脂を使った生地に牛肉とキドニー（腎臓）を詰めてじっくり蒸す「ステーキ＆キドニープディング（steak & kidney pudding）」、おかゆスタイルデザート「ライスプディング（rice pudding）」、オーブンで焼くブレッド＆バタープディング、ケーキそっくりのイブスプディングなど。

今のイギリスでプディングという言葉には、「デザート全体」という意味もあり、「今日のプディングは……、アイスクリームです！」と使ったりします。そもそもプディングとは料理系のものだった、という始まりの歴史を知っていると、なんともおもしろいでしょう。デザート全体という意味では、イギリスの保育園から高校までの「給食（school dinner）」には必ずプディングが登場します。学校給食ではコーンフレークタルト、トリークルタルト、ジャムローリーポーリー、スチームスポンジプディングなど盛りだくさんのクラシックなプディングに出合うチャンスになり、大好きなものが見つかるでしょう。給食にもホットカスタードソースはもちろん必要です。たっぷりと！

日本でいう「プリン」はイギリスではプディングと呼ばないのです！ アメリカではプディングと呼ぶのですが、イギリスはフランス語の「クレームキャラメル（crème caramel）」を使います。プディングの話はとても複雑で興味深いですね。ひとつ確かなことは、プディングはイギリス人にとって非常に大切で、深く愛されている食べ物であることです。

7

No Oven
Recipes

オーブンを使わないレシピ

鍋で蒸してアツアツを食べるプディング、
フライパンで焼くウェルシュケーキ、
冷蔵室で冷やし固めるチョコレートティフィンに
シェリートライフル。
オーブンがなくてもお菓子作りは楽しめます！

スチーム
スポンジプディング
Steamed Sponge Pudding

昔ながらのシンプルな
スチームスポンジプディングは、いつ食べても大満足！
マーマレード、ジャム、フルーツピューレ、シロップといった
好みのソースをボウルの底に入れ、その上にケーキ生地を流し込みます。
蒸したてアツアツの上から、カスタードソースをたっぷりかけるのがおすすめ。
アイスクリームと一緒でもおいしいです。

• でき上がり：2〜4人分	• Serves : 2-4 people
• 個数：1台	• Equipment : 1 pint (570ml)
• 型：容量570mlのプラスチック製専用プディングボウル、	plastic pudding basin with lid,
内側にバター（分量外）をたっぷり塗る	greased inside with butter.
• メソッド：3＝オールインワン(p.137参照)、	• Store : best eaten freshly steamed,
クリーミング(p.138参照)でも可	keep up to 5 days in fridge
• 保存：蒸したてがおいしいが、冷蔵で5日程度、冷凍で3ヶ月	3 or months in the freezer

❀ 材料

好みのソース

　（マーマレード、ジャム、フルーツピューレ、シロップなど）…約70g

薄力粉…70g

ベーキングパウダー…3g

塩…1g

グラニュー糖（微粒子）…70g

卵…70g

バター（食塩不使用／とてもやわらかい）…70g

バニラオイル…2g

❀ 作り方

1　フタ付きの鍋の底に小皿を裏返して置き、湯を沸かす。

2　プディングボウルに好みのソースを入れる。

3　ボウル（ミキシング用）に薄力粉、ベーキングパウダーと塩を合わ
　　せてふるい入れ、グラニュー糖、卵、バター、バニラオイルを加え、
　　ハンドミキサーで少し白っぽくなるまで混ぜる。

4　プディングボウルの底のソースをおおうように、ケーキ生地を型の
　　側面から少しずつ回し入れる。プディングボウルの2/3以上は入れ
　　ないように気をつけ、フタをする。

5　湯が沸騰した鍋に入れ、プディングボウルの高さ1/2以上湯がある
　　ことを確認し、鍋のフタをして約1時間沸騰させる。湯が減ったら、
　　途中で何回か注ぎ足す。竹串を刺して生の生地がつかなければ焼き
　　上がり。

6　プディングボウルのフタを外し、その上に器をのせてひっくり返す。
　　食べる時は、大きなスプーンで器に取り分ける。熱いうちに温かい
　　カスタードソースと一緒に食べるのがおすすめ。

Ingredients

70g of sauce
(marmalade, jam, fruit pureé, golden syrup, etc.)
70g cake flour
3g baking powder
1g of salt
70g sugar
70g eggs
70g butter (unsalted, very soft)
2g vanilla oil

Method

1 Place an upturned plate into a lidded pan of
water and bring to a boil.

2 Put your chosen sauce in the bottom of your
pudding basin.

3 In a mixing bowl, sift the flour, baking powder
and salt, then add the sugar, eggs, butter and
vanilla oil and beat with a hand mixer until
lightened in colour.

4 Spoon the batter carefully on top of your sauce,
trying to seal in the sauce in all the way around.
Fill the basin no more than 2/3 full and snap on
the lid.

5 Place the basin in the boiling water, seeing it is
about half-submerged. Put the lid on the pan
and boil for 1 hour, topping up with hot water
as necessary. The pudding is done when a skewer
comes out clean.

6 Remove lid, place a serving dish on top of the
basin and turn them both upside down. Scoop
out portions with a large spoon and serve hot
with custard.

鍋で蒸しても、オーブンで加熱してもいい、寒い時季のお気に入り！
デーツ（なつめやし）を使うデザートで、
アツアツのトフィーソースと一緒にいただきます。
とてもリッチにしたいなら、アイスクリームやクロテッドクリームと一緒でも！
「スティッキー（sticky）」という言葉通り、甘くてねっとりとした食感。
発祥はイギリス北西部の湖水地方にある「シャローベイホテル」だといわれますが、
実はカナダからイギリスに入ってきたとも⁉
諸説ありますが、イギリスでは1970年代から
ずっと人気のプディングです。

スティッキー
トフィープディング
Sticky Toffee Pudding

- でき上がり：2 ～ 4 人分
- 個数：1 台
- 型：容量570㎖のプラスチック製専用プディングボウル、
    内側にバター（分量外）をたっぷり塗り、
    底面に合わせて円形に切ったベーキングペーパーを敷く
- メソッド：2 ～ 5 ＝クリーミング（p.138参照）
- 保存：冷蔵で5日程度、冷凍で3ヶ月

- Serves : 2 - 4 people
- Equipment : 1 pint (570ml) plastic pudding basin
    with lid, greased inside with butter
    and lined with a small circle of
    baking paper in the base.
- Store : up to 5 days in fridge or 3 months
    in the freezer

❋ 材料

バター（食塩不使用／常温）…25g	デーツ…70g
きび砂糖…50g	重曹…1g
卵…40g	湯…70g
バニラオイル…1.5g	好みでクルミ（ローストし、粗く刻む）
薄力粉…60g	…30g
ベーキングパウダー…1.5g	トフィーソース：
塩…0.5g	生クリーム（脂肪分42%）…55g
《スパイス類》	きび砂糖…50g
シナモンパウダー…1.5g	バター（食塩不使用／常温）…45g
クローブパウダー…0.1g	塩…0.5g

❋ 下準備

・耐熱ボウルに種を取って粗く刻んだデーツを入れて重曹をふり、
　湯を加えてラップをかけておく。

❋ 作り方

1 フタ付きの鍋の底に小皿を裏返して置き、湯を沸かす。
2 ボウルにバターを入れ、ハンドミキサー（または木のスプーン）で
　やわらかくなるまで混ぜる。
3 きび砂糖の半量を加えてふわふわになるまで混ぜ、残りのきび砂糖
　も加えて混ぜる。
4 卵とバニラオイルを合わせ、少しずつ加えて混ぜる。
5 薄力粉、ベーキングパウダーと塩、スパイス類を合わせてふるい入
　れ、ゴムベラで混ぜる。
6 デーツを汁ごと加えて混ぜ、好みでクルミを加えてもいい。
7 プディングボウルにケーキ生地を流し入れる。プディングボウルの
　2/3以上は入れないように気をつけ、表面を平らにし、フタをする。
8 湯が沸騰した鍋に入れ、プディングボウルの高さ1/2以上湯がある
　ことを確認し、鍋のフタをして約1時間沸騰させる。湯が減ったら、
　途中で何回か注ぎ足す。竹串を刺して生の生地がつかなければ焼き
　上がり。
9 トフィーソースを作る。鍋にすべての材料を入れ、混ぜながら弱火
　にかける。温かいうちに使うか、使う時に温め直す。
10 プディングボウルのフタを外し、その上に器をのせてひっくり返
　す。トフィーソースをたっぷり注ぎ、食べる時は、大きなスプーン
　で器に取り分ける。熱いうちに食べるのがおすすめ。

Ingredients

25g butter	70g whole dates
(unsalted,	1g bicarbonate
room temperature)	of soda
50g brown sugar	70g hot water
40g eggs	30g walnuts
1.5g vanilla oil	(optional, roasted and
60g cake flour	roughly chopped)
1.5g baking powder	Sauce:
0.5g salt	55g cream (42% fat)
Spices:	50g brown sugar
1.5g cinnamon powder	45g butter
0.1g clove powder	(unsalted,
	room temperature)
	0.5g salt

Preparation

- In a bowl sprinkle the bicarbonate of soda over the roughly chopped dates. Pour over the hot water and cover.

Method

1 Place an upturned plate into a lidded pan of water and bring to a boil.
2 Beat the butter with a hand mixer (or wooden spoon) until fluffy.
3 Add half of the brown sugar and beat until fluffy, mix in the remaining sugar.
4 Combine the egg and vanilla oil and add to the batter a little at a time.
5 Sift the flour, baking powder, salt and spices into the batter and fold in with a spatula.
6 Add the dates and their liquid, and the walnuts if using.
7 Pour into your basin. Fill the basin no more than 2/3 full and snap on the lid.
8 Place the basin in the boiling water, seeing it is about half-submerged. Put the lid on the pan and boil for 1 hour, topping up with hot water as necessary. The pudding is done when a skewer comes out clean.
9 Make the sauce: gently melt the ingredients together while stirring. Use while hot, or reheat when using.
10 Remove lid, place a serving dish on top of the basin and turn them both upside down. Pour over plenty of sauce. Scoop out portions with a large spoon and serve hot.

ウェルシュケーキ
Welsh Cakes

ウェールズ地方の有名な伝統菓子。
レーズンとカレンズ、ミックススパイスがたっぷり入り、
スパイスのおかげでチャイのような不思議でやさしい味わいです。
スコーンとビスケットの間のようなホロホロとした食感で、
そのまま食べても、バターとジャムを塗ってもおいしく、ミルクティーにぴったり。

- 個数：約12枚
- 型：直径8cmの丸い抜き型
- メソッド：1＝すり合わせ（p.137参照）
- 保存：冷蔵で7日程度、冷凍で3ヶ月

- Quantity : 12
- Equipment : 8cm round cutter
- Store : up to 7 days in the fridge or 3 months in the freezer

❀ 材料

薄力粉…140g
ベーキングパウダー…5g
塩…1g
ミックススパイス…3g
バター(食塩不使用／常温／角切り)…70g
グラニュー糖(微粒子)…50g
《レーズン類》
レーズン…35g
カレンズ…35g

卵…35g
牛乳…約15g
仕上げ用：
グラニュー糖(微粒子)…適量

❀ 作り方

1 ボウルに薄力粉、ベーキングパウダー、塩、ミックススパイスを入れ、手で混ぜる。バターを加え、指先ですり合わせ、さらさらと砂っぽい状態にする。
2 グラニュー糖を加える。
3 レーズン類を加えて混ぜる。
4 卵と牛乳を合わせて加え、生地の状態になるまで軽く混ぜる。
5 打ち粉をした台に取り出し、手で厚さ8mmに伸ばし、抜き型で抜く。
6 フライパン（またはホットプレート）を中弱火で予熱し、バター（またはラード）少量（分量外）を塗る。火を加減しながらゆっくり焼き、表面がやわらかくなり、底面が赤っぽい茶色になったら裏返す。
7 焼き上がったらグラニュー糖をふり、水分を保つためアルミ箔に包んでおく。

Ingredients

140g cake flour
5g baking powder
1g salt
3g mixed spice
70g butter
(unsalted, room temperature, diced)
50g caster sugar
Dried fruits:
35g raisins
35g currants
35g eggs
15g milk
To finish:
Caster sugar

Method

1 Mix the flour, salt and mixed spice together with your hand in a large bowl. Add the butter and rub it in, until the mixture resembles fine sand.
2 Mix in the sugar.
3 Mix in the dried fruits.
4 Add the egg and milk and mix to form a soft dough.
5 Roll out on a floured counter to 8mm thick and cut out twelve rounds.
6 Heat a hot plate or frying pan to medium-low, and brush with a little butter (or lard). Taking care to adjust the heat, cook the Welsh cakes slowly until the tops are soft and the bottoms are a reddish-brown. Flip over and cook the other side.
7 Sprinkle with caster sugar and cool, wrapped loosely in foil to keep them moist.

チョコレートティフィン
Chocolate Tiffin

昔から愛されているチョコレートティフィンは、びっくりするほど作りやすい！
子どもの時、こんなふうに溶かしたチョコレートと具材を混ぜるだけの簡単レシピは、
ほとんどのイギリス人は試した経験があるでしょう。
とても家庭的なお菓子ですが、イギリス王室のエリザベス女王と
ウィリアム王子も大好物で、ロイヤルウエディングの
セカンドウエディングケーキ（花婿ケーキ）として振る舞ったらしい〜！

- 個数：9個
- 型：18×18cmの角型、
  ベーキングペーパーを敷く
- メソッド：1〜2＝クリーミング（p.138参照）
- 保存：冷蔵で14日程度、冷凍で3ヶ月

- Quantity : 9
- Equipment : 18cm square cake tin,
  lined with baking paper
- Store : up to 14 days in the fridge or 3 months
  in the freezer

❀材料

バター（食塩不使用／常温）…130g
ゴールデンシロップ…35g
塩…1g
《チョコレート》
ビターチョコレート（カカオ64%）…150g
ミルクチョコレート（カカオ36%）…150g
市販の全粒粉ビスケット
　（マクビティ ダイジェスティブ ビスケットなど／粗く砕く）…200g
レーズン…100g
ブランデー（またはオレンジ果汁）…15g
好みでクルミなどのナッツ（ローストする）…40g
飾り用：
コーティングチョコレート…100g
ホワイトチョコレート…10g

❀下準備

・チョコレートは合わせて湯せん（または電子レンジ）で溶かしておく。
・レーズンはブランデーに漬けておく。

❀作り方

1　ボウルにバターを入れて、ハンドミキサーを使ってやわらかくなる
　まで混ぜる。
2　ゴールデンシロップ、塩を加え、ふわふわになるまで混ぜる。
3　粗熱が取れたチョコレートを少しずつ加えて混ぜる。
4　全粒粉ビスケット、ブランデーレーズン、好みでクルミなどのナッ
　ツを加え、全体が均一になるように混ぜる。
5　型に生地を詰め、表面を平らにする。
6　飾り用のチョコレートは、それぞれ湯せん（または電子レンジ）で
　溶かす。表面に溶かしたコーティングチョコレートを流し、型を傾
　けて全面に広げる。さらに溶かしたホワイトチョコレートで線を描
　き、竹串を上下に動かして矢羽根模様にする（p.54参照）。
7　冷蔵庫で冷やし固め、型から外してベーキングペーパーを取り、6
　×6cmに切る。

Ingredients

130g butter (unsalted, room temperature)
35g golden syrup
1g salt
Chocolate:
150g dark chocolate (64% cacao)
150g milk chocolate (36% cacao)
200g Digestive biscuits (roughly broken)
100g raisins
15g brandy (or orange juice)
40g roasted walnuts or other nuts
Decoration:
100g coating chocolate, melted
10g white chocolate, melted

Preparation

- Soak the raisins in brandy overnight.
- Melt the dark and milk chocolate over a bain-marie, or in a microwave.

Method

1 Beat the butter with a hand mixer until soft.
2 Add the golden syrup and salt, and beat until fluffy and lightened in colour.
3 Pour in the melted chocolate bit by bit and mix well.
4 Add the broken biscuits, raisins and nuts, and mix with a spatula until evenly coated.
5 Pack the mixture into the tin and level the surface.
6 For the decoration, melt the coating chocolate and white chocolate separately over a bain-marie or in a microwave. Pour the coating chocolate onto the tiffin and tilt to spread. Pipe lines of white chocolate and tease them back and forth with a skewer to feather. (p.54)
7 Chill to set in the fridge, remove from the tin and cut into nine 6cm squares.

シェリートライフル
Sherry Trifle

ホームパーティーなどのおもてなしシーンで大活躍のシェリートライフル。
トライフルとは、スポンジケーキ、フルーツ、ゼリー、カスタード、生クリームを層にしたデザートで、
スポンジをシェリー酒に浸して作るシェリートライフルが一般的です。
ゼリーをオレンジ味にしたり、ケーキやフルーツの種類を変えたりとバリエーション豊富なので、
この基本レシピを試した後、ぜひ自分流のトライフルにアレンジしてみて！

- でき上がり：4〜6人分
- 容器：容量1000㎖のグラスボウル１台
- 保存：冷蔵で２日程度

- Serves : 4-6 people
- Equipment : a 1-litre glass bowl
- Store : up to 2 days in the fridge

❊ 材料

ヴィクトリアスポンジケーキ
（スイスロールなどの余りでもOK／角切り）
…約140g
シェリー酒…約10g
ゼリー：
カシス（冷凍でもOK）…100g
りんご（角切り）…100g
グラニュー糖（微粒子）…10g
りんごジュース
（200g×2に分け、200gのみ冷やす）…400g
板ゼラチン…10g

固めのカスタード：
生クリーム（脂肪分42%）…170g
牛乳…160g
グラニュー糖（微粒子）…30g
コーンスターチ…18g
卵…60g
卵黄…20g
バニラオイル…2g
塩…0.5g
飾り用：
生クリーム（脂肪分42%）…150g
アーモンドスライス
（ローストする）…約20g

Ingredients

140g Victoria sponge cake
　(or left over Swiss roll)
10g sherry
Jelly:
100g blackcurrants
　(frozen is fine)
100g apple
10g caster sugar
400g apple juice
　(divided into
　2x 200g, chill one)
10g leaf gelatine

Firm custard:
170g cream (42% fat)
160g milk
30g caster sugar
18g cornstarch
60g eggs
20g yolks
2g vanilla oil
0.5g salt
Decoration:
150g cream (42% fat)
20g sliced almonds,
　lightly roasted

❊ 作り方

1　ゼリーを作る。鍋にカシスとりんご、グラニュー糖を入れ、果汁が出るまで弱火にかける。半量を容器に移し、鍋に常温のりんごジュース200gを加えて中火にかけ、湯気が出てから火を止める。

2　ボウルに水適量（分量外）とゼラチンを入れ、2分たったら水をきり（ゼラチンのもどし方は商品パッケージの情報を参考にして）、鍋に加えて混ぜる。

3　完全に溶けたらボウルに移し、残りの冷たいりんごジュース200gを加えて混ぜ、冷蔵室で冷やす。少しとろみがつき（13〜16℃が目安）、ケーキにしみ込みすぎないベストな状態になる。

4　固めのカスタードを作る。鍋に生クリームと牛乳を入れ、中火で沸騰直前まで加熱する。

5　この間、耐熱ボウルにグラニュー糖とコーンスターチを入れて混ぜ、卵と卵黄を合わせて少しずつ混ぜる。温かい液体も少しずつ加えて混ぜ合わせ、こしながら鍋に戻し入れる。

6　弱めの中火にかけ、鍋の底と角をゴムベラで常に混ぜる。コーンスターチのかたまりが出てきたら、ホイッパーに持ち替えて手早く混ぜる。かたまりがなくなり、しっかりしたとろみができるまで、この作業を繰り返す。

7　味見しながら、バニラオイル、塩を加え、冷蔵室で冷やす。

8　トライフルを盛りつける。グラスボウルにスポンジケーキを入れ、シェリー酒をかける。ゼリー作りで残しておいたフルーツと果汁をかけ、3のとろりとしたゼリーを注ぎ、冷蔵室でひと晩しっかりと冷やし固める。

9　冷やし固めたゼリーの上に、冷やし固めたカスタード、無糖のホイップした生クリームをのせ、アーモンドスライスをふる。

10　食べる時は、大きなスプーンで器に取り分ける。

Method

1　Make the jelly: heat blackcurrants, apple and caster sugar in a saucepan until juicy. Reserve half of the fruit, pour 200g of the apple juice into the pan and heat until steaming.

2　Soak the gelatine sheets in water for two minutes and drain. (Refer to your gelatine package as instructions vary by brand.) Add the softened gelatine to the warm liquid.

3　When dissolved, pour liquid into a bowl and add the remaining 200g of chilled apple juice. Chill to around 13-16°C, slightly thickened, and perfect to pour without soaking the sponge completely.

4　Make the custard: heat the cream and milk in a saucepan until steaming.

5　Meanwhile mix together sugar and cornstarch then stir in the eggs and yolks bit by bit. Pour the hot liquid slowly onto the eggs while stirring. Pour back into the pan through a sieve.

6　Heat gently while stirring, scraping into the corners of the pan. When the cornstarch thickens, switch to a whisk and stir vigorously, then go back to the spatula. Repeat this process until the custard has thickened and there are no lumps.

7　Stir in the vanilla and salt, and chill.

8　Assemble the trifle: place the sponge pieces in your serving bowl. Sprinkle with sherry and the reserved fruit. Pour over the partially set jelly and chill to set overnight.

9　Pour the cold custard on top of the set jelly and top with whipped cream and almond slices.

10　To serve, scoop out portions with a large spoon.

Column 7

私の教室・先生としての目標

Designing the sign

生徒さんによくいわれる言葉でとてもうれしいものがあります。「モンクレの教室に入ると落ち着く」「違う空間!」「私のパワースポットです」など。東京でとてもアットホームな教室、入ると緊張から解放されるフレンドリーなスペースを目指しました。

レッスンは私が生徒さんならばうれしい形にしてみました。少人数制で、私のデモンストレーションを見てから自分の実習をし、自分のお菓子が焼かれている間にデモンストレーションのお菓子で一緒にティータイム。そして最後に自分で作ったものをホールで持ち帰る形になります。

私は小さい頃の遊びも教室で教えるロールプレイでした。大人になっても勉強したことをつい他の人に伝えずにはいられないところがあります!

教室の先生としての目標は、生徒さんに私がもっている知識を伝えるのはもちろんですが、生徒さんが積極的に判断と解決できる自信、そして知識を吸収するための自分の発見や独学の好奇心も作りたいと思っています。

Lesson

先生として珍しいかもしれないですが、質問が大好き! 生徒さん自身が作り方や材料の「なぜ?」がわかると、自分でレシピの調整ができたり、材料、道具が違う時やうまくいかない場合の解決方法を探せたりするメリットもあります。そして脳を引き込むことで人生が本当におもしろくなります! 私にとって理想的な先生は勉強心をもっている「生涯学習（lifelong learning）」をやっている人です。

伝統的な焼き菓子では、特に歴史が長いものを取り上げていると、正解はひとつだけではないことがわかります。文化と歴史は地方、家庭、時代によって変わり、おいしさのバリエーションがエンドレスです。ジンジャーブレッドはビスケットタイプもケーキスタイルもあり、それぞれにたくさんの作り方があります。生徒さんには、「正解はどれか」ということより、どのような種類があって、どれが自分にとって魅力的なのかを見つけられるようにしたいと思っています。

レッスンで大好きなことは、「あら〜、できない!」といっている生徒さんのそばに行って、できるようにレスキューをすることです。「できない」を「できる」に変えることで喜びと自信を得る生徒さんの姿を見ることは私の喜びにもなります。

モンクレのレッスンでは、日本で手に入る材料で、できるだけイギリス家庭の作り方とおいしさに近いものを作ることを目指しています。 作り方の中でフランス菓子などの技術と違う斬新な部分もあるけれど、うそのない本場のおいしさをそのまま届けるのが目標です。

8

Festive

Recipes

幸せなお祝いのレシピ

4月のイースター（復活祭）と
12月のクリスマスを祝う、伝統的なお菓子のレシピ。
楽しいひとときに思いをはせながらお菓子を作る、
そんな時間まで愛おしくなります。

イースターシムネルケーキ
Easter Simnel Cake

4月のイースター（復活祭）の伝統的なお菓子ですが、最近はイギリスでも珍しくなりました。
クリスマスケーキよりも軽い口当たりのフルーツケーキで、特においしいのはマジパンの部分。
飾る11個のマジパンのボールは、キリストの弟子12名のうち、ユダを除いた11名とされています。
古いイースターのお菓子の話を読むと、本物の卵をのせていた可能性もあります。

イースターホットクロスバンズ
Easter Hot Cross Buns

ホットクロスバンズは、イースターの時季にとても愛されている菓子パン。
昔から、「とても不思議でラッキーなお菓子」とされており、
友だちとシェアすると、その後の1年ずっと仲よしに！
横半分にスライスしてトーストし、バターを塗っていただきます。

イースターシムネルケーキ
Easter Simnel Cake

<table>
<tr><td>

- 予熱：140℃、作り始める前に
- 個数：1台
- 型：直径15cmの深い丸型、ベーキングペーパーを敷く
- メソッド：2〜5＝クリーミング（p.138参照）、
  　　　　　オールインワン（p.137参照）でも可
- 保存：冷蔵で7日程度、冷凍で3ヶ月

</td><td>

- Preheat : 140°C
- Quantity : 1
- Equipment : 15cm cake tin (round, deep),
  　　　　　lined with baking paper
- Store : 7 days in the fridge or 3 months
  　　　in the freezer

</td></tr>
</table>

❀ 材料

マジパン
　（150g×2と100gに分ける／p.136参照）
　…400g
バター（食塩不使用／低めの常温）…100g
グラニュー糖（微粒子）…55g
きび砂糖…45g
卵…90g
中力粉…90g
アーモンドパウダー…20g
ミックススパイス…4g
ベーキングパウダー…3.5g
塩…1.5g

《レーズン類》
サルタナレーズン…100g
カレンズ…45g
ブランデー…20g
オレンジ果汁…1/2個分
レモン果汁…1/2個分
《フルーツピール類》
オレンジピール（p.135参照）…20g
オレンジの皮（細かくすりおろす）…1/2個分
レモンの皮（細かくすりおろす）…1/2個分
仕上げ用：
アプリコットジャム…50g

❀ 下準備

・レーズン類はブランデー、
　オレンジ果汁とレモン果汁にひと晩漬けておく。

❀ 作り方

1　マジパン150gはふたつとも直径15cmの丸形に伸ばし、ラップに包んで冷蔵室で冷やす。

2　ボウルにバターを入れ、ハンドミキサー（または木のスプーン）でやわらかくなるまで混ぜる。

3　グラニュー糖ときび砂糖を加え、ふわふわになるまで混ぜる。

4　卵を少しずつ加えて混ぜる。

5　中力粉、アーモンドパウダー、ミックススパイス、ベーキングパウダー、塩を合わせてふるい入れ、ゴムベラでさっくり混ぜる。

6　レーズン類も加えて混ぜ、フルーツピール類も加えて混ぜる。

7　型に生地の半量を流し入れ、伸ばしたマジパンを1枚のせ、残りの生地も流し入れ、表面を平らにする。140℃で約1時間45分焼く。竹串を刺して生の生地がつかなければ焼き上がり。

8　粗熱が取れたら型から外し、ベーキングペーパーを取り、網にのせて冷ます。完全に冷めたら、アプリコットジャムをよく混ぜ、鍋で温めてから表面に塗る。残りの伸ばしたマジパンをのせ、縁に波形の模様をつけ、表面にナイフで軽く格子柄を描く。最後にマジパン100gで11個のボールを作り、アプリコットジャムで貼りつける。

Ingredients

400g marzipan (p.136,
split into 150g, 150g, & 100g)
100g butter
(unsalted,
cool room temperature)
55g caster sugar
45g brown sugar
90g eggs
90g medium flour
20g almond powder
4g mixed spice
3.5g baking powder
1.5g salt

Dried fruit:
100g sultanas
45g currants
20g brandy
Juice of ½ an orange
Juice of ½ a lemon
Citrus:
20g candied orange peel
(p.135)
Zest of ½ an orange
Zest of ½ a lemon
50g apricot jam
To assemble:
Apricot jam

Preparation

- Soak the dried fruits in the brandy and fruit juice overnight.

Method

1　Roll out a 15cm disc of marzipan from each of the 150g blocks, wrap and chill both.

2　With a hand mixer or wooden spoon, beat the butter until smooth.

3　Add caster sugar and continue to beat until fluffy and lightened in colour.

4　Add the eggs a little at a time.

5　Combine the flour, almond powder, mixed spice, baking powder and salt, sift over the batter and fold in with a spatula.

6　Fold in the soaked dried fruits and citrus.

7　Transfer half of the batter into the tin and place one of the circles of marzipan on top. Cover with the remaining batter and level the top. Bake at 140°C for 1 hour 45 minutes hours until a skewer comes out clean.

8　Remove from the tin when cool enough to handle and cool on a wire rack. When completely cool, beat the apricot jam smooth, heat in a saucepan, and use it to stick the second circle of marzipan on top of the cake. Crimp the marzipan edges and score the top with a knife. Form 11 small balls from the remaining marzipan and use jam to fix them around the circumference of the cake.

イースターホットクロスバンズ
Easter Hot Cross Buns

pipe crosses

- 予熱：180℃、5の後に
- 個数：6個
- 保存：焼きたてがおいしいが、
  常温で2～3日、冷凍で3ヶ月

- Preheat：180℃ around step 5
- Quantity：6
- Store：freshly baked is best, up to 2-3 days
  wrapped in a cool place or 3 months in the freezer

✿ 材料
水…130g
牛乳…25g
グラニュー糖(微粒子)…30g
バター(食塩不使用/常温)…25g
卵…28g
強力粉…250g
インスタントドライイースト…4g
ミックススパイス…4g
塩…3g

《レーズン類》
レーズン…30g
カレンズ…15g
オレンジピール(p.135参照)…20g

仕上げ用：
薄力粉…20g
水…18g

つや出し用：
牛乳…40g
グラニュー糖(微粒子)…20g

✿ 下準備
・オレンジピールは細かく刻む。
・仕上げ用の薄力粉と水はよく混ぜてダマのないペーストを作り、
  絞り袋に入れる。
・つや出し用の牛乳とグラニュー糖はよく混ぜておく。

✿ 作り方
1 鍋に水、牛乳、グラニュー糖、バターを入れて中火にかけ、バター
  を溶かす。火から下ろして粗熱を取り、卵を加えて混ぜたら、人肌
  程度の温度に下がるのを待つ。
2 ボウルに強力粉、インスタントドライイースト、ミックススパイス、
  塩を合わせ、液体を加えてゴムベラでまとめる。
3 台に取り出し、弾力があって伸びのある生地になるまで、手で約
  10分こねる。重いパンにならないように打ち粉なしがおすすめ。
  ボウルに戻してラップをし、倍の大きさになるまで約1時間、暖か
  い場所で一次発酵させる。
4 ボウルの中にレーズン類とオレンジピールを加え、均一になるよう
  にこねる。
5 板にベーキングペーパーを敷き、生地を6等分にして丸めてのせる。
  天板ごと膨らませたポリ袋に入れ、約30～45分、2倍になるまで
  二次発酵させる。
6 焼く直前に、バンズの表面に仕上げ用のペーストを十字に絞る
  (PH)。180℃で20～25分、キツネ色になるまで焼く。
7 オーブンから出したら、すぐにつや出し用の液体をハケで塗り、網
  にのせて冷ます。

Ingredients
130g water
25g milk
30g caster sugar
25g butter
28g eggs
250g bread flour
4g dried instant yeast
4g mixed spice
3g salt

Dried fruit:
30g raisins
15g currants
20g candied orange peel
(p.135)
To pipe crosses:
20g cake flour
18g water
To glaze:
40g milk
20g caster sugar

Preparation
- Finely chop the candied orange peel.
- Mix together the flour and water for piping, transfer to a piping bag.
- Mix together the milk and sugar for the glaze.

Method
1 Heat the water, milk, sugar and butter in a saucepan until melted. Remove from heat and when cooled to lukewarm, mix in the egg.
2 In a bowl, combine the flour, yeast, spice and salt, then pour in the liquid and mix with a spatula.
3 To avoid a heavy dough, don't use any flour when kneading, it will be sticky at first but persist! Knead for about 10 minutes, until the dough is springy and stops sticking. Cover and leave for about an hour, or until doubled in size.
4 Add the dried fruit and orange peel and knead to distribute.
5 Divide into six pieces and shape into balls. Place seam-side down on a baking paper lined tray, and place in an inflated plastic bag for 30-45 minutes, until doubled in size.
6 Pipe crosses on top of each bun (photo), and bake at 180℃ for 20-25 minutes, until golden brown.
7 Brush the hot buns with glaze and transfer to a wire rack to cool.

クリスマスミンスパイ
Christmas Mince Pies

クリスマスに欠かせないおやつで、焼きたてのアツアツも冷めたものもおいしく、
そのまま食べても、アイスクリームや生クリーム、カスタードと一緒でも！
伝統的なショートクラスト生地は、ラードのおかげで
ホロホロとおいしくなるのですが、オールバターで作ることもできます。
ミンスパイはイギリス人のほとんどが子どもの頃に作った思い出があるでしょう。
サンタクロースの分を作るのも忘れないでね！

イギリスのクリスマスケーキは
ドライフルーツがたっぷり入り、濃厚でどっしりしています。
できれば1ヶ月以上前から冷暗所で熟成させ、
定期的にブランデーを塗るのがおすすめ。
クリスマスの直前にマジパンと白いアイシングで飾ります。
この時季のお客さまには、ミルクティーかシェリー酒と一緒に。
薄くスライスしていただくので、長い間、楽しめます。
チェダーチーズのスライスをのせて食べてもおいしいです。

クリスマスケーキ
Christmas Cake

クリスマスミンスパイ
Christmas Mince Pies

- 予熱：190℃、作り始める前に
- 個数：12個
- 型：直径7cmと7.5cmの抜き型、ミンスパイ型(p.10参照)
- メソッド：1＝すり合わせ(p.137参照)
  　　　　　4＝生地の伸ばし方(p.139参照)
- 保存：冷蔵で7日程度、冷凍で3ヶ月

- Preheat : 190°C
- Quantity : 12
- Equipment : 7cm and 7.5cm round cutters,
- Store : up to 7 days in the fridge or 3 months in the freezer

❀材料

数百年変わっていない、伝統的なショートクラスト生地：

中力粉…280g

塩…2g

バター(食塩不使用／冷えて硬い)…70g

フレッシュラード(またはバター)…70g

冷水…30～50g

フィリング：

ミンスミート(ハウツー参照)…約300g

仕上げ用：

牛乳…適量

グラニュー糖(微粒子)…適量

❀作り方

1　ボウルに中力粉と塩を入れ、手で混ぜる。バターを加えて指先ですり合わせ、フレッシュラードも加えてすり合わせ、さらさらと砂っぽい状態にする。

2　冷水を少しずつ加え、ディナーナイフ（またはゴムベラ）で軽く混ぜる。ナイフの平らな部分で、しっとりしている生地を乾いた生地に押し込むようにする。

3　打ち粉をした台に取り出し、手でまとめながら軽くこね、ラップに包んで冷蔵室で約30分寝かせる。

4　生地を厚さ2～3mmに伸ばす。

5　底用は7.5cmの抜き型、フタ用は7cmの抜き型で丸く抜く。

6　型に底用の生地を敷き詰め、ミンスミートを小さじ山盛り1杯ずつ置く。フタ用の生地の縁に牛乳を塗ってかぶせ、上下の生地が重なる縁を押し合わせる。

7　表面に牛乳を塗ってグラニュー糖をふり、空気穴を数か所あける。190℃で約20分焼く。

8　型ごと網にのせて冷ます。

Ingredients

Traditional shortcrust pastry,
recipe unchanged for hundreds of years :
280g medium flour
2g salt
70g butter (unsalted, chilled, diced)
70g lard (or butter)
30-50g chilled water
Filling:
About 300g mincemeat (see How To)
To finish:
Milk
Caster sugar

Method

1　Mix the flour and salt together with your hand in a large bowl. Add the butter and rub it in, until the mixture resembles fine sand. Add the lard and rub in.

2　With a cutlery knife (or spatula), using the flat part of the blade to press the wet parts of the dough into the dry, add enough of the liquid as needed to form a dough.

3　Knead briefly on a lightly floured counter. Wrap and chill for 30 minutes.

4　Roll to 2-3mm thick.

5　Cut out twelve rounds each of 7cm for the lids and 7.5 cm for the bases.

6　Fit the bases in the tray and fill with a heaped teaspoon of mincemeat. Brush the edges of the lids with milk and fit, pressing the edges to seal.

7　Brush the tops with milk, sprinkle with sugar and cut air vents. Bake at 190°C for about 20 minutes or until bubbling and slightly browned.

8　Cool in the tray on a wire rack.

ミンスミートの楽しみ方と作り方
Making Mincemeat

ミンスミートはドライフルーツとナッツの入った、
ジューシーでスパイスの効いたフィリング。
伝統的なクリスマスのミンスパイに欠かせないものだが、
パン作りやフルーツクランブルに使うと
クリスマスの特別な味わいに。
長く保管したら酸味とスパイスの香りが落ちるので、
3〜4ヶ月以内の使用がおすすめ。
1年経過した後は、熟成した
デリケートな味になり、それを好む人も！

● 材料（約750g）

きび砂糖…120g

《スパイス類》

ミックススパイス…4g

シナモンパウダー…2g

塩…1g

スエット（またはバター）…75g

ブラムリーアップル
　（皮をむき、1cm角に切る）…150g
　（皮をむく前の量）

《レーズン類》

レーズン…120g

サルタナレーズン…75g

カレンズ…75g

《フルーツ類》

ドライアプリコット…40g

オレンジピール（p.135参照）…40g

レモンピール…30g

オレンジ果汁…1/2個分

オレンジの皮（細かくすりおろす）
　…1/2個分

レモン果汁…1/2個分

レモンの皮（細かくすりおろす）
　…1/2個分

アーモンド…20g

ブランデー…15g

Ingredients (about 750g)

120g brown sugar

Spices:

4g mixed spice

2g cinnamon

1g salt

75g suet (or butter)

150g Bramley apples
(unpeeled weight,
peel and chop into 1cm cubes)

Dried fruit:

120g raisins

75g sultanas

75g currants

Other fruit:

40g chopped dried apricots

40g candied orange peel (p.135)

30g candied lemon peel

Juice of ½ an orange

Zest of ½ an orange

Juice of ½ a lemon

Zest of ½ a lemon

20g chopped almonds

15g brandy

Method

1 Apart from brandy, combine all ingredients
in a pan and heat while stirring to melt the
suet and sugar, and to soften the apple.

2 When cooled somewhat, add brandy and
decant into sterilised jars. Use soon or
leave to mature slightly. Mincemeat can be
kept for a year, but I prefer to use within
4 months to keep the taste of the apple
and spices punchy.

● 作り方

1 鍋にブランデー以外の材料を入れ、きび砂糖とスエットが溶け
てブラムリーアップルがやわらかくなるまで、混ぜながら弱中
火にかける。

2 粗熱が取れたらブランデーを加え、殺菌した保存瓶に詰めて冷
暗所に保存。すぐに使えるが、しばらくおくと味がなじむ。

クリスマスケーキ
Christmas Cake

・予熱：140℃、2の後に
・個数：1台
・型：直径15cmの深い丸型、ベーキングペーパーを敷く
・メソッド：1〜4＝クリーミング（p.138参照）
・保存：仕上げ後は冷暗所または冷蔵で3ヶ月、
　　　　仕上げる前は1年

・Preheat : 140℃ after step 2
・Quantity : 1
・Equipment : 15cm cake tin (round, deep),
　　　　　　　lined with baking paper
・Store : up to 3 months in a cool place or in the fridge
　　　　　if decorated, 1 year undecorated

❀材料

バター（食塩不使用／低めの常温）…130g

きび砂糖…130g

卵…130g

モラセス…6g

バニラオイル…2g

中力粉…140g

塩…1.5g

《スパイス類》

ミックススパイス…3g

シナモンパウダー…2g

フレッシュナツメグ…0.5g

《レーズン類》

レーズン…180g

サルタナレーズン…100g

カレンズ…100g

ブランデー…20g

《フルーツ類》

オレンジピール（p.135参照）…40g

ドライアプリコット…25g

オレンジの皮（細かくすりおろす）…1/2個分

レモンの皮（細かくすりおろす）…1/2個分

アーモンド…30g

仕上げ用：

ブランデー…適量

飾り用：

アプリコットジャム…適量

マジパン（p.136参照）…500g

ロイヤルアイシング

（伝統的なウエディングケーキにも使う硬いアイシング）：

卵白（またはメレンゲパウダー）…70g

＊メレンゲパウダー20gに水60gを加える

粉糖…400〜480g

❀下準備

・レーズン類はブランデーにひと晩漬けておく。
・オレンジピール、ドライアプリコット、アーモンドは幅5mmに刻む。

❀作り方

1　ボウルにバターを入れ、ハンドミキサー（または木のスプーン）でやわらかくなるまで混ぜる。

2　きび砂糖を加え、ふわふわになるまで混ぜる。

3　卵、モラセスとバニラオイルを合わせ、少しずつ加えて混ぜる。

4　中力粉、塩、スパイス類を合わせてふるい入れ、ゴムベラで混ぜ合わせる。

5　レーズン類を加えて混ぜ、フルーツ類、アーモンドも加えて混ぜる。

6　型に流し入れ、表面を平らにする。外面の焼きすぎを防ぐため、型のまわりに厚紙をぐるりと巻いて紐で結ぶ。また表面に10円玉大の穴をあけたドーナツ形のクラフト紙をのせる。140℃で約2時間30分焼く。竹串を刺して生の生地がつかなければ焼き上がり。

7　粗熱が取れたら型から外し、表面にのせたクラフト紙とベーキングペーパーを取る。竹串で穴を数か所あけ、表面にブランデーをハケで塗る。

8　新しいベーキングペーパーで巻き、アルミ箔にも包んで冷暗所で熟成させる。クリスマスまで毎週ケーキを裏返してブランデーを少し塗る。

9　クリスマス1週間前くらいに仕上げをする。

10　表面と側面にアプリコットジャムを塗る。厚さ5mmに伸ばしたマジパンをのせ、2〜3日間乾かす。

11　ロイヤルアイシングを作る。ハンドミキサーで卵白をやわらかい角が立つまで泡立て、粉糖を少しずつ加える。パレットナイフで、粗いスノーシーン（雪景色）を作る。ケーキを切る前にアイシングも2〜3日間乾かす。

Ingredients

130g butter
(unsalted, cool room temperature)
130g brown sugar
130g eggs
6g full strength molasses
2g vanilla oil
140g medium flour
1.5g salt
Spices:
3g mixed spice
2g cinnamon powder
0.5g freshly grated nutmeg
Dried fruit:
180g raisins
100g sultanas
100g currants
20g brandy
Other fruit:
40g candied orange peel (p.135)
25g chopped dried apricots
Zest of ½ an orange
Zest of ½ a lemon
30g almonds
To feed:
Brandy
To cover:
Apricot jam
500g marzipan (p.136)
Royal icing:
70g egg whites
(or meringue powder 20g and water 60g)
400-480g icing sugar

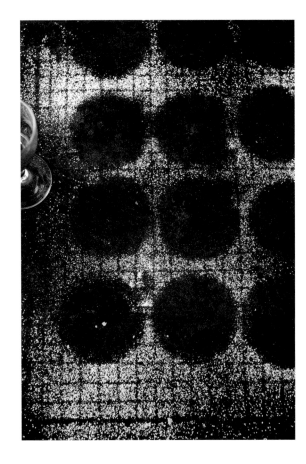

Preparation

• Soak the dried fruits in the brandy overnight.
• Chop the almonds, apricots and candied peel into 5mm pieces.

Method

1 With a hand mixer or wooden spoon, beat the butter until smooth.
2 Add the brown sugar and continue to beat until fluffy and lightened in colour.
3 Combine the eggs with the vanilla and molasses, and add to the batter a little at a time.
4 Sift the flour, salt and spices over the batter and fold in.
5 Mix in the soaked dried fruit mixture, other fruits and almonds.
6 Transfer to the tin and level the surface. Tie craft paper around the tin to prevent the outside cooking too quickly, and place another paper on top with a 3cm steam hole. Bake at 140°C for about 2 hours 30 minutes until a skewer comes out clean.
7 Remove from the tin when cool enough to handle and cool on a wire rack. Make holes in the cake with a skewer and brush on the first feeding of brandy.
8 Wrap the cake in baking paper and then foil. Repeat the 'feeding' on alternate sides each week leading up to December.
9 Start decorating the cake about 1 week before you want to eat it.
10 Brush cake with warmed apricot jam then cover the top and sides with marzipan rolled to a 5mm thick circle. Leave in a cool place to dry for 2-3 days.
11 Make the royal icing: beat egg whites with a hand mixer to soft peaks and sift the icing sugar bit by bit to make a firm icing. Apply with a palette knife to create a 'snow scene' and dry for 2-3 days before cutting.

イギリス定番のクリスマスデザート！
あらかじめ作っておいて冷暗所や冷蔵室で熟成させ、食べる時に温めます。
長い蒸し時間は火を通す目的ではなく、ゆっくりとキャラメリゼして絶妙なおいしさを引き出すため。
温かいブランデーソース、カスタードソース、ブランデーバターや
冷たいアイスクリームを添えて、本場イギリス流のクリスマスをお楽しみください。
クリスマスディナーでは、ボリュームのある七面鳥料理の後に食べる濃厚なお菓子なので、
イギリス人でも食べるのは小さなひと切れです。

クリスマスプディング
Christmas Pudding

- でき上がり：4～6人分
- 個数：1台
- 型：容量570mℓのプラスチック製専用プディングボウル、
  内側にバター（分量外）をたっぷり塗り、底面に
  合わせて円形に切ったベーキングペーパーを敷く。
  フタの大きさでもう1枚切る
- 保存：冷暗所、冷蔵6ヶ月

- Serves : 4-6 people
- Quantity : 1
- Equipment : 1 pint (570ml) plastic pudding basin
  with lid, greased inside with butter and lined
  with a small circle of baking paper in the base.
  Make another circle of paper about the size of the lid.
- Store : up to 6 months in a cool place or in the fridge

❈ 材料

パン粉（自分ですりおろしたものがベスト）
　…38g

中力粉…26g

ベーキングパウダー…1.3g

塩…0.5g

《スパイス類》

ミックススパイス…1g

フレッシュナツメグ…0.1g

スエット（または冷凍バターをすりおろす）
　…38g

《レーズン類》

レーズン…55g

サルタナレーズン…30g

カレンズ…25g

ブランデー…20g

プルーン…23g

オレンジピール
　（p.135参照）…20g

ドライアプリコット…12g

アーモンド…16g

きび砂糖…55g

ブラムリーアップル…35g
　（皮をむいた量）

オレンジ果汁
　（またはギネスビール）…20g

卵…50g

❈ 下準備

・レーズン類はブランデーにひと晩漬けておく。

・スエット、プルーン、オレンジピール、
　ドライアプリコット、アーモンドは5mm角に切る。

・ブラムリーアップルは皮をむき、5mm角に切る。

❈ 作り方

1　フタ付きの鍋の底に小皿を裏返して置き、湯を沸かす。

2　ボウルにすべての材料を材料表の上から順に加え、その都度素敵な
　　ことをお願いしながら混ぜ合わせる！

3　プディングボウルにケーキ生地を流し入れる。表面を平らにし、円
　　形に切ったベーキングペーパーをのせて、フタをする。

4　湯が沸騰した鍋に入れ、プディングボウルの高さ1/2以上湯がある
　　ことを確認し、鍋のフタをして最低6時間沸騰させる。加熱は数回
　　に分けてもいい。湯が減ったら、途中で何回か注ぎ足す。

5　冷めたら、表面にのせたベーキングペーパーを新しいものに替え、
　　プディングボウルごとラップで包んでクリスマスまで冷蔵室で保存。

6　食べる時は、同じようにして鍋で約1時間蒸すか、電子レンジで温
　　め直す。熱いうちにプディングボウルのフタを外し、その上に器を
　　のせてひっくり返す。大きなスプーンで器に取り分けて食べる。サー
　　ブの際に温かいブランデーでフランベもできる！

Ingredients

38g breadcrumbs (make yourself in a food processor for best results)	20g brandy
	23g prunes
26g medium flour	20g candied orange peel (p.135)
1.3g baking powder	12g dried apricots
0.5g salt	16g almonds
Spices:	55g brown sugar
1g mixed spice	35g Bramley apples (peeled weight)
0.1g freshly grated nutmeg	
38g suet (or frozen butter, grated)	20g orange juice or Guinness beer
Dried fruit:	50g eggs
55g raisins	
30g sultanas	
25g currants	

Preparation

- Soak the dried fruits in brandy overnight.
- Chop the suet, prunes, candied orange, apricots and almonds into 5mm pieces.
- Peel and chop the Bramley apple to 5mm cubes.

Method

1　Place an upturned plate into a lidded pan of water and bring to a boil.

2　In a mixing bowl add the ingredients in the order of the list above, mixing well at each addition –and remembering to make a wish!

3　Transfer the batter to your basin, level, place the larger circle of baking paper on top and snap on the lid.

4　Place the basin in the boiling water, seeing it is about half-submerged. Put on the pan lid and boil for six hours, topping up the hot water as needed. You can split the steaming time over a few days, but a long total time is needed to achieve the colour and bring out the complex flavours.

5　Once cooled, replace the large disc of paper and wrap the basin in plastic to store.

6　To serve, re-boil for 1 hour or heat briefly in the microwave. Turn out while hot, scoop out portions with a spoon and serve with brandy butter, custard or ice cream. After reheating, you can also flambé the whole pudding with warm brandy!

Parts

パーツ

ひと手間かけて作ってみよう！

Rough Puff Pastry
ラフパフ（折り込み層）生地

メイズオブオナー、バンブリーケーキやセイボリーのソーセージロールなどに使います。フランスのパフ生地より少し楽に作れるだけでなく、パフ生地に比べて層の厚みがあるので、イギリス菓子には最適な食感です。

❀材料（約500g）

中力粉…250g

塩…2g

バター（食塩不使用／1cm角に切って冷やす）…150g

冷水…90 〜 120g

❀作り方

1 ボウルに中力粉と塩を混ぜ、バターを加える。

2 冷水を半量加え、ディナーナイフ（またはゴムベラ）で混ぜる（PH1）。生地が少しポロポロの状態になってまとまるまで（PH2）、残りの冷水を少しずつ加える。手でひとまとめにする。

3 打ち粉をした台に生地を取り出し（PH3）、めん棒でリッジングをしてから（生地の伸ばし方／p.139参照）、厚さ2〜3cm、12×17cmの長方形に伸ばす（PH4）。ラップに包んで冷蔵室で約20分冷やす。

4 生地の短い方を手前にして、同じようにリッジングしてから伸ばす（PH5）。この時側面ができるだけまっすぐになるように、生地の幅の3倍の長さまで伸ばす。ハケで余分な小麦粉をはたき（PH6）、手前1/3の生地を上に折り（PH7）、残りの1/3の生地を重ねるように下に折りたたむ（PH8）。

5 生地を90度回転させ（PH9）、折り込みの工程4を繰り返す。ラップに包んで冷蔵室で約20分冷やす。

6 折り込んで冷やす工程（4〜5）をもう一度繰り返し、ラップに包んで約20分冷やしたら完成。
　＊保存：冷蔵で3日程度、冷凍で3ヶ月

Ingredients (about 500g)
250g medium flour
2g salt
150g butter (unsalted, chilled, diced)
90-120g cold water

Method
1 Mix the flour and salt together in a bowl, and add the butter.
2 Add half of the water and mix with a cutlery knife or spatula (photo 1). Add enough of the remaining water as needed to make a shaggy dough (photo 2) and bring it together with your hands.
3 Ridge the dough on a floured surface (photo 3) and roll to a 12 x17cm rectangle that is 2-3cm thick (photo 4). Wrap and chill for 20 minutes.
4 With a short side facing you, ridge the dough (photo 5) and roll to be three times as long as the width. Brush off excess flour (photo 6), fold the bottom third of the dough up (photo 7) and the top third down on top of that (photo 8).
5 Turn the dough 90 degrees (photo 9) and repeat the ridging, roll and fold (step 4). Wrap and chill for 20 minutes.
6 Repeat the double roll and fold (steps 4-5), wrap and chill for at least 20 minutes before use.
*Store: up to 3 days in the fridge or 3 months in the freezer.

Custard for Pouring
カスタードソース
(ゆるめのタイプ)

イギリス人はカスタードが大好きです。ゆるめのタイプは熱いうちにプディングやアップルパイなどにたっぷりかけていただきます。イギリスでは、老舗「バーズ（Bird's）」のインスタント粉末カスタードパウダーや缶詰やパック入りが人気ですが、卵、牛乳と生クリームで作る、本物の自家製カスタードの味は格別です！

✿材料（約300g）

生クリーム（脂肪分42%）…120g
牛乳…120g
卵黄…50g
グラニュー糖（微粒子）…25g
バニラオイル…0.5g
塩…ひとつまみ

＊保存：
温かいものは2時間以内、
氷水で急冷したものは冷蔵で翌日まで。
使う際には温め直す

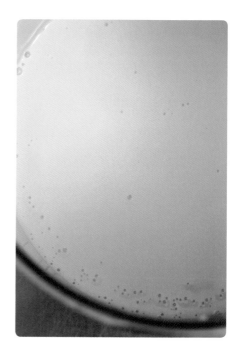

✿作り方

1 鍋に生クリームと牛乳を入れ、膜が張らないように時々ゆすりながら、中火で沸騰直前まで加熱する。

2 この間、耐熱ボウルに卵黄とグラニュー糖を入れて混ぜる。

3 卵黄をゴムベラでしっかり混ぜながら、温かい液体を少しずつ加えて混ぜ（PH1）、こしながら鍋に戻し入れる。

4 弱火にかけ、鍋の底と角を常に混ぜながら、とろみが少し出るまで加熱する（PH2）。この時82℃を超えないように注意すること。

5 ゴムベラですくった時に少し厚みのあるコーティングができ、たらすと少しとろみのある状態になったらでき上がり（PH3）。

6 味見しながら、バニラオイル、塩を加え、温かいうちにサーブする。

Ingredients (about 300g)

120g cream (42% fat)
120g milk
50g yolks
25g caster sugar
0.5g vanilla oil
pinch of salt

Method

1 Heat the cream and milk in a pan until steaming, swirling occasionally to prevent a skin forming.

2 Meanwhile mix the yolks and sugar together in a heatproof bowl.

3 Pour the hot liquid a little at a time over the yolk mixture (photo 1), stirring vigourously (photo 1). Pour through a sieve back into to the pan.

4 Return to a low heat and heat gently until it thickens while stirring into the base and corners of the saucepan (photo 2). Avoid going over 82°C.

5 The custard is done when it is thick enough to coat the back of a wooden spoon (photo 3).

6 Add vanilla oil and salt to taste and serve hot.
  *Store: use hot custard within two hours or chill over an ice bath and use by the next day. Reheat when serving.

Candied Orange Peel
オレンジピール

クリスマスやイースターといった伝統的なお祝いの菓子に欠かせない、定番材料。もちろん市販品も使えますが、洋酒入りなどデリケートな風味のものが多い印象です。自家製オレンジピールなら好みの品種で作ることができ、またイギリス菓子でよく使われるスパイスやドライフルーツの風味に負けない味わいになります。

❀ 材料（約300g）

オレンジ…大4個
水…200g
グラニュー糖（微粒子）…450g

＊保存：
冷蔵で4週間、冷凍で3ヶ月

❀ 作り方

1 オレンジはよく洗って皮をむく。上下を切り落とし、ナイフで縦4か所に切り目を入れるとむきやすくなる（PH1）。むいた皮は幅5mmの棒形に切る（PH2）。

2 鍋に皮を入れ、2～3回水（分量外）からゆでこぼす。オレンジの品種によって、必要な時間が変わるが、ポイントは厚みのあるピール1本を割った時、中までしっかり水分が入っていること（PH3の左）。中がまだ白い場合（PH3の右）、この後のシロップが浸透しないので、もうしばらくゆでる。

3 鍋を洗って拭き、水、グラニュー糖を入れてフタをし、沸騰するまで強めの中火にかけ、グラニュー糖をしっかり溶かす。

4 弱火にしてから皮を加え、透明感が出るまで1時間ほど加熱する。後半の20～30分でフタを外し、焦げないように火を調整する。混ぜると結晶化しやすいので、あまり混ぜすぎないようにする。

5 シロップがしっかり浸透したら皮を取り出し、1本ずつ間隔をあけて網にのせて乾かす。乾いたら保存袋に入れる。

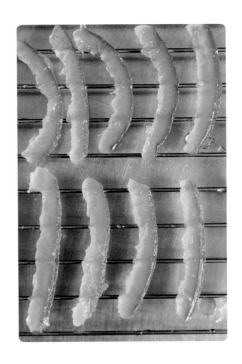

Ingredients (about 300g)

4 large oranges
200g water
450g caster sugar

Method

1 Wash the oranges. Cut the top and bottom parts and peel away the skin with the pith in four pieces (photo 1). Cut the peel into 5mm sticks (photo 2).

2 Boil and drain the peels three times with a suitable amount of water (separate to the recipe amount). The variety of citrus you use affects the boiling time, so check that water has penetrated the centre of the thickest peel when you break it in half (photo 3). If the centre still looks white the syrup will not be able to soak through, so boil longer.

3 Add the water and sugar to a clean saucepan, fit the lid and boil until the sugar has melted to make a syrup.

4 Turn the heat to low and simmer the soaked peels in the syrup for around an hour, until translucent. Remove the lid for the final 20 minutes, being careful not to burn the peels. Avoid excessive mixing as it can cause crystallization.

5 When the syrup has soaked in sufficiently, transfer the peels to a wire rack to drain. Pack in an air-tight container when dried.
*Store: up to 4 weeks in the fridge or 3 months in the freezer.

British Style Marzipan
イギリスの家庭スタイルのマジパン

イギリス家庭スタイルのマジパンは、卵やブランデーなどが入るのでコクがあり、砂糖の印象が残ります。市販のマジパンが苦手な方にも好評な味わいです。

❀材料(約800g)
アーモンドパウダー…350g
グラニュー糖(微粒子)…180g
粉糖…180g
卵…110g
塩…1.5g
ブランデー…5g
アーモンドオイル…3g

Ingredients (about 800g)
350g almond powder
180g caster sugar
180g icing sugar
110g eggs
1.5g salt
5g brandy
3g almond oil

❀作り方
1 大きめの耐熱ボウルにグラニュー糖、粉糖、卵、塩を入れ、混ぜる。
2 湯せんにかけ、ハンドミキサーで混ぜながら、60℃を超えてふわふわの状態になるまで、10分ほど火にかける(泡立てメソッド/p.138参照)。
3 火から外して氷水に当て、混ぜながら30℃以下に冷ます。
4 ブランデーとアーモンドオイルを加えて混ぜ、アーモンドパウダーを少しずつ加える。湯せんにかけた時間によって必要なアーモンドパウダーの量が多少変わってくるので、様子を見ながら加えること。台にくっつかずにこねられる程度の固さになったら、ラップに包んで冷やす。
   *保存:冷蔵で1週間、冷凍で3ヶ月

Method
1 Mix the sugars, egg and salt in a large heatproof bowl.
2 Fit the bowl above a saucepan of simmering water and mix with a hand mixer until the temperature is over 60°C (about 10 minutes).
3 Remove from heat and stir while chilling over an ice bath until below 30°C.
4 Mix in the brandy and almond oil, then add the almond powder - the time taken during heating will affect the amount of almond powder needed, so add a little at a time. The consistency is correct when the marzipan can be kneaded on a counter without sticking. Wrap and chill before use.
   *Store: up to 1 week in the fridge or 3 months in the freezer.

Bramley Apple Purée
ブラムリーアップルのピューレ

日本ではブラムリーアップルが買える時季が短いため、手に入れてからすぐの、酸味が強い段階でピューレを作り、冷凍保存することをおすすめします。

❀材料(約1kg)
ブラムリーアップル…1kg
(皮をむく前の量)
グラニュー糖(微粒子)…100g
バター(食塩不使用/常温)…50g
塩…1g
好みでシナモンパウダー
   …適量

Ingredients (about 1kg)
1kg Bramley apples
(unpeeled weight)
100g caster sugar
50g butter
(unsalted, room temperature)
1g salt
Cinnamon powder to taste

❀作り方
1 ブラムリーアップルは皮をむいて粗く刻む。
2 鍋にブラムリーアップル、グラニュー糖、バター、塩を入れてフタをし、中火にかける。温度が上がってブクブクしてきたらフタを外し、ゴムベラで混ぜながら煮崩れるまで加熱する。小さなパイに使う場合は完全なピューレ状、大きなパイの場合は少しかたまりを残してもいい。
3 好みでシナモンを加え、味見してみて甘さが足りなければグラニュー糖少量(分量外)を追加する。
4 冷めたら密閉容器に入れる。
   *保存:冷蔵で5日程度、冷凍で3ヶ月。
    冷蔵室にひと晩おいて解凍する

Method
1 Peel the Bramley apples and roughly chop.
2 Add the apples, sugar, butter and salt to a saucepan, fit a lid and heat on medium until the mixture is juicy and has started to bubble. Remove lid and stir with a spatula until the apple pieces soften to a purée. For small pies you might want a complete purée but you might leave pieces of apple visible for larger pies.
3 Add cinnamon to taste and if your apples are particularly sharp you can adjust the sweetness with extra sugar.
4 Store in an airtight container when cool.
   *Store: up to 5 days in the fridge or 3 months in the freezer. Defrost overnight in the fridge.

English information available at www.mornington-crescent.co.jp

【すり合わせメソッド】

「スコーン」や「タルト生地」など、イギリスのお菓子作りで最も多く登場するメソッドです。小麦粉をバターでコーティングすると、のびのびとしたグルテンを生み出す水分が小麦粉に吸収されにくくなるので、イギリス人が大好きな「ホロホロとした食感」になります。

● 小麦粉と塩を均一になるように手で混ぜる。

● 角切りにしたバターに粉をまぶす（PH1,2）。バターの温度はレシピにもよるが、「常温」に近いやわらかさが使いやすいので、多くの場合はおすすめ。

● すり合わせが早くできるように、バターを手で薄くつぶしたり、ちぎったりする（PH3）。

● すり合わせの動きには、2種類がある。

● a) 両手を上向きにして生地を少し持ち、親指と指先で生地をこすり合わせる方法（PH4）。

● b) 生地を少し持って、両手を合わせて指をすり合わせる方法（PH5）。

● a)、b) ともに生地を落としながら作業し、バターが溶けないように手の平ではなく指を使うことがポイント。

● バターがさらさらと砂っぽい状態になればでき上がり（PH6）。やりすぎると生地がダマになってしまうので注意。

● 砂糖を加える場合は、バターから水分を引き出すなどの影響があるため、すり合わせが終わった後にざっくり混ぜる。

  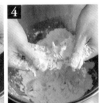  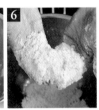

【オールインワンメソッド】

ヴィクトリアスポンジケーキなど「バターケーキ」作りで、現在最も多く使われる方法です。主にベーキングパウダーで膨らむので分離や混ぜすぎの心配がなく、また1〜3分と短い時間で終わるのも魅力的ですね。材料は常温にし、特にバターは「とてもやわらかい（PH1）」状態にしておくことが最大のポイントです。

● 小麦粉、ベーキングパウダー、塩、スパイスなどの粉類は合わせてふるい、ボウルに入れる。

● 砂糖、卵、バターを加える（PH2）。バターが硬いとかたまりが残ってしまう。とてもやわらかい状態（PH1）にすることで簡単に乳化する。

● ハンドミキサーで粉類が飛び散らないように始めは低速（PH3）、粉が混ざってきたら高速にして、少し白っぽくなるまで混ぜ合わせる（PH4）。

【クリーミングメソッド】

ヴィクトリアスポンジケーキなど「バターケーキ」の伝統的な作り方です。昔は木のスプーンでしたが、今はハンドミキサーを使う家庭が多いですね。グラニュー糖の微粒子は粒の数が多いため、粗い目のグラニュー糖よりうまく泡立ちます。上手に泡立てられると、オールインワンメソッドより少しだけ高さがでます。

● バターは「低めの常温（約18℃）」にしておくことが大切。硬すぎるとハンドミキサーがうまく回らず、やわらかすぎるとバターの結晶が溶けて空気が入らず泡立てにくくなる。

● バターをボウルに入れ、ハンドミキサーの高速で混ぜる（PH1）。バターが羽根に詰まる場合はバターの温度が低いか、ハンドミキサーの速度が遅すぎる。

● 砂糖を加えて泡立てる（PH2）。この段階でしっかり空気を含ませることが成功のポイント。ふわふわで白っぽい状態にする（PH3）。量が多い場合は少し時間がかかるが、生地が最初の色より白っぽくなれば大丈夫。

● 卵を加えるレシピでは、大さじ1杯程度と少しずつ加え（PH4）、その都度しっかり乳化させる（PH5）。卵のつやが見えなくなるまで混ぜてから、次の分を加える。この時長く混ぜすぎると、バターが溶けて生地がゆるくなる可能性があるので、毎回乳化できたら手早く次の作業に進もう。

● 卵が多いレシピの場合、最後のほうに分離しやすくなるが、生地にしっかり空気が入っていれば、きれいに焼き上がるので大丈夫。

● 小麦粉をふるいにかけて加え、ゴムベラで空気を残すようにざっくりと混ぜ合わせる（PH6）。

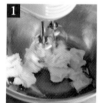    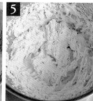 

【泡立てメソッド】

スイスロールなどのスポンジケーキを作る方法です。イギリスと日本では湯せんのやり方が違い、日本ではボウルが直接お湯に浸かるようにしますが、イギリスでは蒸気で温める「Bain Marie（フランス語でマリさんのお風呂の意・バンマリ）」を使います。卵を温めることでふんわりと泡立ち、砂糖も溶けやすいというメリットがあります。

● ボウルがのる程度の大きさの鍋に水を半分くらいまで入れて温める。熱すぎると卵が膜を張ってしまうので、小さな泡がコトコト出る火加減に調整する（PH1）。

● 鍋の上に耐熱ボウルを置いて湯気で生地を温める。ボウルの底に湯が直接触れないように注意。チョコレートを溶かす時もこのようにバンマリを使う。

● 先に卵液だけ温めながらハンドミキサーで泡立てる。ミキサーを移動する時、羽根の跡が見えるようになったらOK。ボウルとミキサーを少し斜めにすると早く泡立つ（PH2）。

● 砂糖を数回に分けて加え（PH3）、すべての砂糖が入ったら湯せんから外し、もう少し混ぜる。

● 生地を表面にたらした時、数秒で線が消えればでき上がり（PH4）。

【溶かしメソッド】

ジンジャーブレッドマンなど「ゴールデンシロップ」や「モラセス」を使うレシピでよく使うメソッドです。ひとつの鍋だけでできる場合もあり、とても手軽。弱火でゆっくり溶かすことが成功のポイントです。

● ゴールデンシロップなど液状材料は鍋に直接入れて量る（PH1）。
● バターと砂糖を加えて弱火にかけ、ゴムベラでしっかり混ぜながらゆっくり溶かす（PH2）。火が強いと分離しやすいため注意。

● もし分離した際は、火から外して少し冷やしてから混ぜ、それで乳化すれば大丈夫。分離したままだと、フラップジャックなどは生地がまとまらず、ボロボロに崩れてしまうことがある。
● 卵や小麦粉を加える場合は、温度を下げてからにする。卵は60℃以下（PH3）、小麦粉は40℃以下（PH4）。
● 温度を早く下げたい時は、鍋からボウルに生地を移す。

 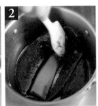  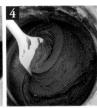

【生地の伸ばし方】

オーブンの中で縮んだり、厚みがバラバラになったり、破れてしまったり。レッスンの際、どうやったらきれいな形になるの？　と生地の伸ばし方についてよく相談されます。今回はきれいに伸ばすコツを紹介します。

● 生地を作る時の水分量は、作業と仕上がりに影響する。水分が多いと伸ばしやすいが縮みが多く、水分が少ないとホロホロといい食感だが、伸ばす際に破れやすくなる。冬の乾燥している季節はレシピの分量より多く水分が必要な場合もあり、使っている小麦粉によっても水分量の調整が必要。
● 生地が固いと伸ばす時に割れやすいので、少しやわらかくなるまで生地を常温におく。10分おきに指で少し押して確認しよう（PH1）。
● 台、生地、めん棒には、少量の打ち粉をふる（PH2）。作業しながら生地がくっついてきたら、その都度打ち粉をふる。生地が台にくっつくと伸びない。
● 伸ばす前に、生地の両面に「リッジング(ridging)」をする。めん棒で生地を上から下に押しながら波状の跡をつけ（リッジング）、裏返して同様に跡をつけ

る（PH3）。そうしてリッジングすることで生地がやわらかくなって伸ばしやすくなり、また生地を引っ張らないので縮みを少なくする効果がある。
● ある程度薄くなったら、めん棒を転がして伸ばす。この時、手の平全体を使うようにしてめん棒を移動させ、生地の縁2～3cmの外側は伸ばさない（PH4）。縁まで伸ばすと、そこだけ薄くなりやすく、台にくっつく原因にもなるため注意。
● 1度伸ばしたら、常に生地を90度回す（PH5）。この時に伸ばさずにおいた縁2～3cmの部分が平らになる（PH6）。毎回90度回すことで台に生地がくっついていないかチェックでき、また形も整えやすくなる。丸い生地なら手で、長方形ならカードで、多少形を整えてもいい。
● 伸ばす作業が手早くできると、伸ばし終わった生地がまだ冷たい状態なので、次の作業がしやすくなる。

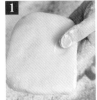     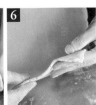

【サンドイッチケーキの仕上げ】

1→キャロットケーキ
　　コーヒー＆クルミのケーキ
　　ヴィクトリアスポンジケーキ

サンドイッチケーキはイギリスの定番形。厚みの薄い焼き型2台に生地を分けて焼き、ジャムやクリームをはさむだけというシンプルな仕上げです。イギリスの家庭では、クリームもジャムもスプーンで適当にポンとのせて広げることが多いですが、今回はきれいに仕上げる少しのコツを紹介します。なお、イギリスらしさをだすためには、きれいにしすぎないことも大切！

❀ 作り方

1　ケーキを冷ます時は型から外し、ベーキングペーパーのついた面を下に向けて網にのせる。逆さにすると、ケーキの表面に網の跡が残ってしまうため。

2　冷めてから、ケーキの下のベーキングペーパーをめくるようにやさしくはがし取る（PH1）。

3　2枚のケーキを比較して、好みの焼き色や形のほうを上にする。下にするケーキは紙を外した面が上向きになるように、直接ケーキプレートやベーキングペーパーの上に裏返す。盛り上がった部分があれば平らになるように少し押してあげる。

4　塗り方は、ⓐ、ⓑ、ⓒ、ⓓを参照。

5　中身を塗ったら、上のケーキの側面を持って、下のケーキにやさしくのせて（PH2）、上から軽く押す（PH3）。中身がしみ込みやすいように、ベーキングペーパーを外した面同士を合わせるのが一般的。

6　切る際は、最低1時間程度おくと上下がずれずに切りやすくなる。

【バタークリームの作り方】

❀ 材料（約100g）

バター（食塩不使用／常温）　塩…ひとつまみ
　…60g　　　　　　　　　　粉糖…40g

❀ 作り方

1　ボウルにバターと塩を入れ、ハンドミキサーでやわらかくなるまで混ぜる。

2　ふるった粉糖を加える。最初は低速で、ペースト状態になったら高速でふわふわになるまで泡立てる。バターに気泡が多く入り、色が白っぽく変化していることがポイント。大量に作る時はふわふわになるまで10分以上かかる場合もある。しっかり泡立てると、食べやすくなり、また切りやすくなる。

バタークリームにはさまざまな種類があります。卵白入りのスイスメレンゲバタークリーム、ショートニング入りバタークリーム、卵黄入りフレンチバタークリームなど。イギリス菓子に使われるバタークリームは、名前の通りバターで作るものが一般的です。砂糖は粉糖を使ったふわふわタイプが多く、教室でもこちらのタイプを使っていますが、イギリスでは砂糖のしゃりしゃりした食感が好まれるため、グラニュー糖で作ることもあります。

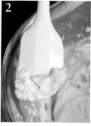

1 バター（常温）は指で押して少しへこむ程度が目安。
2 左はふわふわと白っぽくなった状態。右は泡立てがまだ足りない状態。

ⓐ Jam only
ジャムのみ

● ジャムを塗りやすくするため、ボウルの中に入れてゴムベラを使ってよく混ぜる。

● 大きめのスプーンでレシピのジャム全量を下のケーキの真ん中にのせ、スプーンの裏で広げる（PH1）。直径15cmのケーキなら約60gが目安。

● まずは外周のラインを意識して、ケーキの縁から2mm程度まで、きれいな円にする（PH2）。

● 端の部分を少し盛り上げよう。上のケーキをのせてジャムをはさんだ時、外側からジャムが見えることがきれいに仕上げるポイントだから。ジャムの外側のラインが決まったら、内側をある程度平らにならす（PH3）。

ⓑ Jam & cream
ジャム＆
生クリーム

● 生クリームを泡立て、絞り袋に入れておく。

● ジャムをケーキの面に広げるのはⓐと同様にするが、ジャムの量を少し減らし、ケーキの縁から5mm程度までの円にする。

● もう1枚のケーキは、ベーキングペーパーを外した面が上向きになるように一時的に裏返し、この面に生クリームを絞る。絞り方はジャムと同じ大きさの円になるように外側を1周する（PH1）。そしてその内側から中心に向かって渦巻き状にクリームを絞り（PH2）、最後にパレットナイフで高さを均一にならす（PH3）。

● 生クリームを塗ったケーキは気をつけながら両手で持ち、下のケーキの上にひっくり返してのせる。

ⓒ Jam & butter cream
ジャム＆
バタークリーム

● バタークリームを絞り袋に入れる。

● ジャムをケーキの面に広げるのはⓐと同様にするが、ジャムの量を少し減らし、ケーキの縁から4mm程度までの円にする。

● もう1枚のケーキは、ベーキングペーパーを外した面が上向きになるように一時的に裏返し、この面にバタークリームを絞る。絞り方は花びらに見えるように10円玉くらいの大きさの丸になるようにして、外側から1周する（PH1）。そして内側にも同様にクリームを絞り（PH2）、最後に外側の花びらの形を崩さないように気をつけ、パレットナイフで高さを均一にならす（PH3）。

● バタークリームを塗ったケーキは気をつけながら両手で持ち、下のケーキの上にひっくり返してのせる。

ⓓ Buttercream only
バタークリーム
のみ

● やわらかい状態のバタークリーム半量を下のケーキの真ん中にのせ、パレットナイフで広げる。直径15cmのケーキなら約100gが目安なので50gほど。

● まずは外周のラインを意識して、ケーキの縁から2mm程度まで、きれいな円にする（PH1）。

● パレットナイフの角度を45度にして広げながら、自然と縁の部分に波のような盛り上がりを作るのがポイント。このようにすると上のケーキをはさんだ時、外側からクリームが見えてきれいに仕上がる。内側をある程度平らにならす（PH2）。

● 上のケーキをのせてから、表面に残りのバタークリームを同じように伸ばすが、ケーキの縁から4mm程度までにする。パレットナイフの角度を45度にすると表面が平らになりすぎず、ダイナミックな波ができる（PH3）。

Index

《 *143* 》

ステイシー ウォード（Stacey Ward）
イギリス菓子教室主宰。
イギリス・マンチェスターに生まれ、幼い頃から
家庭でお菓子作りを楽しむ。大学で美術専攻後、
日本の高校で英語を教える仕事のため、2001年
に来日。2014年、東京・東麻布で、「Mornington
Crescent（モーニングトン・クレセント）」をスター
トし、少人数制のお菓子教室と販売を行う。イギ
リス家庭の作り方をできるだけそのままに、日本
で入手可能な材料で同じおいしさのお菓子を作る
ことを目指している。NHK「グレーテルのかま
ど」、ジャパンタイムズなどのメディアに注目さ
れる。三越の英国展などイベントにも多数出店。

GREAT·BRITISH·HOME·BAKING

（モーニングトン・クレセント
／略称 "モンクレ"）
〒106-0044
東京都港区東麻布2-14-3 カサド並木101
TEL：03-6441-0796
www.mornington-crescent.co.jp

◆ お菓子教室
少人数制のアットホームな雰囲気のレッスンで、実習＆試食を
行う。毎月、季節に合わせて変わるメニューは幅広く、予約が取
れないお菓子教室と知られ、全国から参加者多数。
◆ 不定期販売
月2回程度、お菓子を販売する「オープンベーカリー」を開催。
毎回オープン前から行列ができる。

撮影／広瀬貴子
ブックデザイン／川添 藍
スタイリング／佐々木カナコ
菓子製作アシスタント／護得久倫子
編集／本村アロテアのり子

撮影小物協力／UTUWA 03-6447-0070

イラスト（p.128-129は除く）／
ステイシー ウォード（Stacey Ward）

モーニングトン・クレセント東京
Mornington Crescent Tokyoの英国菓子

発行日 2020年10月25日 第1刷
　　　　2023年 4月 6日 第3刷

著者　　　ステイシー ウォード（Stacey Ward）
発行人　　宇都宮誠樹
編集　　　堀江由美
発行所　　株式会社パルコ
　　　　　エンタテインメント事業部
　　　　　東京都渋谷区宇田川町15-1
　　　　　03-3477-5755
　　　　　https://publishing.parco.jp
印刷・製本　株式会社 加藤文明社

免責事項
本書のレシピについては万全を期しておりますが、万が一、けが
ややけど、機器の破損・損害などが生じた場合でも、著者および
発行所は一切の責任を負いません。

落丁本・乱丁本は購入書店名を明記のうえ、小社編集部宛にお送
りください。送料小社負担にてお取り替えいたします。

〒150-0045
東京都渋谷区神泉町8-16　渋谷ファーストプレイス
パルコ出版　編集部